JN274765

教室の環境と学習効率

目　次

序章　教室の環境と学習効率 ——— 7
　教室の環境が変われば学習効率も変わる ——— 8
　子供は自分で教室の環境を選べない ——— 8
　健康障害がなければよいのか ——— 9
　知的生産に適した屋内環境の探求 ——— 10
　優れた人材の育成のために ——— 11

第1編　知的生産性研究の必要性 ——— 13

　頭が良くなる環境？ ——— 14
　執務環境の労働生産性、知的生産性 ——— 14
　学習環境の知的生産性 ——— 15

第1章　建築における新たな課題 ―知識社会と知的生産性 ——— 17
　知識社会の出現と建築の新たな責務 ——— 18
　知的生産性研究の必要性 ——— 18
　知識社会への移行と地球環境負荷の低減 ——— 19
　知的生産性研究の契機 ——— 20
　知識社会への移行がもたらす波及効果 ——— 21
　知的生産性研究の課題 ——— 22

第2章　知的生産性研究の展望 ——— 23
　より質の高い環境とは何か ——— 24
　知的生産性に影響を及ぼす様々な要素 ——— 25
　経営面から見た知的生産性 ——— 26
　既往の研究 ——— 29
　知的生産性に関する研究手法 ——— 33
　まとめ ——— 37

第2編 学習効率を高める教室環境 ——— 39

教室の環境と学習効率にはどのような関係があるか ——— 40
教室環境を形成する要素 ——— 40
教室内には学習効率に関する不均一が存在する ——— 41

第3章　学習効率の現地調査 ——— 43
現地調査の概要 ——— 44
学習効率の評価方法 ——— 46
学習効率の現地調査結果 ——— 53
　　Case 1：空気環境（換気量）を変化させた場合 ——— 53
　　Case 2：温熱環境のみを変化させた場合 ——— 70
まとめ ——— 77

第4章　学習効率の実験室実験 ——— 79
実験室実験の概要 ——— 81
学習効率の評価方法 ——— 84
学習効率の実験室実験結果 ——— 87
　　Case 1：換気量を変化させた場合 ——— 87
　　Case 2：温熱環境のみを変化させた場合 ——— 102
まとめ ——— 107

第5章　教室環境と学習効率の全国調査 ——— 109
全国調査の概要 ——— 111
学習効率の評価方法 ——— 112
全国調査の結果 ——— 114
地域別の検討結果 ——— 117
季節別の検討結果 ——— 118
全国調査と現地調査、実験室実験との整合性の検討 ——— 120
まとめ ——— 122

第6章　学習意欲と教室環境 ── *123*

学習意欲に関する調査の概要 ── *125*
学習意欲の定義とアンケート調査票 ── *125*
学習意欲に関する実験室実験結果 ── *128*
学習意欲に関する現地調査結果 ── *134*
学習意欲に関する現地調査と実験室実験の整合性の検討 ── *138*
学習意欲に関する全国調査結果 ── *141*
まとめ ── *142*

第7章　学習効率の費用対便益 ── *145*

学習効率評価モデルと建物モデル ── *146*
費用対便益の検討 ── *150*
　　Case 1：換気量を変化させた場合 ── *150*
　　Case 2：室温を変化させた場合 ── *154*
学習効率向上の費用対便益 ── *157*
まとめ ── *159*

第3編 海外の研究動向 ──小学校の教室環境を中心に── *161*

小学校の教室環境の質 ── *162*
教室内空気質と学習効率に関する既往研究（小学校）── *164*
教室内温度と学習効率に関する既往研究（小学校）── *166*
教室内の粒子濃度と学習効率に関する既往研究 ── *169*
小学校のIEQ(室内環境の質)と学習効率に関する実験 ── *171*
まとめ ── *187*

おわりに ── *190*
参考文献リスト ── *194*
著者略歴 ── *204*

●執筆担当一覧　　村上周三：序章、第1編、第2編、おわりに
　　　　　　　　　伊藤一秀：第2編
　　　　　　　　　ポール ワルゴッキ：第3編

序章

教室の環境と学習効率

教室の環境が変われば学習効率も変わる

　筆者が大学生の頃には、数百人を収容する大教室での講義がしばしば行われた。教室の音響効果は必ずしも良くなかったので、座席の位置が悪いと教授の声がよく聞こえなかった。すなわち、音響効果が学習効率に与える影響は明らかである。音響に限らず、教室における多くの環境因子は、学習効率に影響を与える。近年このような教室の環境が学習効率に与える影響に関して、先駆的な研究が実施されるようになった。本書はこのような目的で実施された筆者らの一連の研究結果をまとめて解説したものである。

子供は自分で教室の環境を選べない

　小学校から大学まで、子供や学生たちは多くの時間を教室を中心とした教育施設で過ごす。子供の年齢が低い場合、教育施設の学習環境はその生育や学習に大きな影響を及ぼすので、環境計画には細心の注意が必要とされる。一般に子供は大人よりも屋内環境の影響を強く受けやすい一方、教室の環境の調整・制御は十分でないケースが多い。さらに子供は自分で学校の屋内環境を評価する能力や手段をもっていない。劣悪な学習環境は健康被害や学習効率の低下をもたらす。認識不足に基づくこの面での環境整備の遅れが、次世代の人材育成という面で多大な不利益をもたらすことが懸念される。

伝統的に教育施設の計画は建築学の重要な研究分野であったが、近年の建築環境工学の発展に伴って新たな視点から研究がなされるようになった。新たな視点として指摘されるのは、学校における学習環境の問題であり、学習効率の観点から新しい研究が見られるようになった。その結果、教育施設の屋内環境の良否が子供の学習効率を左右するという事実が徐々に明らかにされてきた。

健康障害がなければよいのか

　数年前、シックスクール問題が頻発した。これも教室の屋内環境問題である。しかしこれは、化学物質で汚染された空気環境における子供の健康障害であり、環境水準が高くない屋内環境でもたらされた環境問題で、ここで話題にしている学習効率の話とは全く別次元の問題である。近年話題になっているのは、環境水準を十分満足している健全な屋内環境において、子供の学習効率を阻害する要因や向上させる要因を解明し、学習効率を一層向上させる屋内環境は何かを明らかにしようという研究である。
　たとえば古来、「頭寒足熱」は頭脳労働に適した屋内環境であると言われてきたが、その効果は定量的には明らかにされていない。空気環境、温熱環境、さらには音・光環境などに関して、健康・快適性追求とは別の視点から学習環境としてより適切な環境計画があるのではないかというのが新しい研究の方向である。健康障害の発生しない水準の屋内環境

であっても、学習効率にポジティブな影響の出る環境やネガティブな影響の出る環境の存在することが明らかにされており、この意味で教育施設にはより高いレベルでの屋内環境の計画が求められている。

知的生産に適した屋内環境の探求

　学習効率に関する研究の背景として、近年世界的に関心を呼んでいる「執務環境の知的生産性」(Workplace Productivity) の研究の進展を指摘することができる。これは知的生産を行うオフィス環境において、創造性等の面でより優れた知的作業を行うためには、どのような環境が適切であるかを解明しようとする研究であり、ある意味で究極の屋内環境計画の探求であるといえる。この背景には、屋内環境と人間の生理・心理等に関する研究が進展し、知的生産と屋内環境、人間関係論、組織行動論などの関係を解明することがある程度可能になったという、近年の建築環境工学における学際的研究の進展を指摘することができる。

　学校等の学習環境を対象とした既往の研究では、教室の屋内環境の質が出席率や健康に及ぼす影響の調査からスタートしたものが多い。また研究手段として加算テストや読解テストを行い、これを学習効率を計る指標として用いる研究が一般的に行われている。近年の研究では、屋内環境の変化が学習効率に与える影響の程度が統計的有意性をもって明瞭に示されている[1]。

優れた人材の育成のために

　学習効率に関する研究は緒に就いたばかりであり、今後の発展に大きな期待が寄せられている。長年行われてきた、衛生的で健康で快適な環境を追求する研究は当然必要であるが、この視点に沿う研究と学習効率に優れた環境の研究は決して同じではない。今後、学習効率に係わる屋内環境の科学的データを蓄積し、これを教育施設の計画に反映させ、優れた人材の育成につなげることが必要である。

　子供たちには屋内環境を選択する能力も手段も与えられていない。優れた教育施設の屋内環境の整備は大人の責任である。我々はいま、新しい視点から、学習環境の研究を推進することを求められている。

第1編 知的生産性研究の必要性

■ 頭が良くなる環境？

「頭のよい子が育つ家」という本がある。首都圏の有名私立中学受験に成功した子供のいる住宅を調査し、そのプランを類型化したものらしい。また、インターネットで検索すれば、「頭のよくなる家」や「頭のよくなるマンション」と銘打った物件が数多く販売されている。「頭のよくなる」という言葉は大変刺激的でメディア受けするが、その定義は曖昧である。「頭が良くなる」という観点から住宅の分析を試みたという意味で一つの視点を提供したと言えないことはないが、多くの不確定要素が含まれており、科学的根拠も不明で学術的合意が得られているとは言えない。本書は学術的立場から学習効率の問題を調べ、その科学的根拠を明らかにすることを目指している。

■ 執務環境の労働生産性、知的生産性

ひとたび産業界に目を移せば、「労働生産性」や「知的生産性」という言葉で作業の効率が評価される。労働生産に関する作業の高効率化は、労働時間の短縮を意味し、高コストである人件費の効率的な活用につながる。知的生産性の向上は、より価値の高い知識の創造をもたらす。それゆえ、工場やオフィスにおける労働生産性や知的生産性向上を目指した研究や取り組みが学術論文として報告されている。後述するように、知的生産性に関する問題は、建築環境計画において今後の発展のためのニューフロンティアを拓くものであり、現在、多面的な見地より研究が

開始されている分野である。

■学習環境の知的生産性

さて、学校等における教室での知的生産性、すなわち「学習効率」に関しては如何であろうか。

建築計画学の分野では、様々な学習形態に対応可能なフリースペースやオープンスペースを活用した平面プランが提案されており、また小中学校では、授業の運営方式として特別教室型、教科教室型やプラトゥーン型（Platoon）と呼ばれる方式（全クラスを時間帯で普通教室群と特別教室群に二分し、何時間かごとに入れ替わる運営方式）などが提案され、実際の教育現場において適用されている。

しかしながら、教室の環境を建築環境工学や建築設備工学の側面からみた場合、学習効率との関連性はそれほど研究が進んでいない。学習効率の観点から、教室の設定温度は何度くらいが学習環境として適切か、換気によって新鮮な外気をどの程度取り入れればよいのか、照明はどれくらい明るくすればよいのか、といった疑問に対し、一般的には従来型の情報しか提供されていない。教育関係者や施設管理者は、近年のこの分野の研究の進展を踏まえた十分定量的なデータをもって回答することができるであろうか。温度や換気量の問題に関して、本書がそのためのヒントを与えることができれば幸甚である。

第1章 建築における新たな課題
―― 知識社会と知的生産性 ――

知識社会の出現と建築の新たな責務

　人類の社会・経済システムの発展を簡単にモデル化すれば、農業社会、工業社会、知識社会となる。それぞれの社会における主なる生産現場は、農場、工場、オフィス（知的生産のためのワークプレイス）ということになる。知識社会の出現とともに、ナレッジ・エコノミーという新しい経済分野がスタートすることになった。ナレッジ・エコノミーのもとではナレッジ・ワーカーの知的生産性が経済競争力を左右することになるので、この新しい形態の生産性を向上させることは国家的重要課題となる。本書の主題である学習効率も、広い意味でこのような知的生産性問題に含まれると考えてよい。ナレッジ・ワーカーの知的生産性に対しては、彼らの活動場所である執務空間の環境が大きな影響を及ぼす。その意味で建築分野もこの新しい事態に深く関与し、新しい経済に適合するための空間や環境の提供を求められている。この要請に応えることは建築分野の責務であるといえる。

知的生産性研究の必要性

　近年建築分野の実務や学術の場で話題にされるようになったいわゆる執務空間の知的生産性の問題は、上記のナレッジ・エコノミーの出現という状況を反映したものである。長い建築の歴史から見て、建築界が知識社会に向き合うのはほとんど初めての経験といってよい。したがってこの問題については建築界の蓄積は浅く、全く新たな課題といっても過言ではない。一方、見方を変えれば、近年成熟して停滞・縮小の傾向が指摘される建築の産業や学術にとって、知識社会の出現とそれに対する

貢献は、建築分野のニューフロンティア開拓のための貴重なチャンスを提供するものであるといえる。

　建築は古来、安全・防災、衛生・快適などを設計目標として、我々の生活や生産のための基盤を提供してきた。一方知識社会においては、建築に対して、従来には見られなかった勤務形態のもとでのナレッジ・ワーカーの創発性を刺激する組織構成や環境のあり方など、新しい設計条件が建築に課せられるようになる。このような新しい課題に答えるためには、建築分野においてパラダイムシフトに基づく新たな研究開発が必要となる。

　知識生産に適した建築という新しい分野は、建築界が全体として取り組むのにふさわしい大きなテーマである。居住環境計画やオフィス空間計画などの分野では、一部の先導的研究グループがすでにこの問題の研究に着手している。このテーマに係わる研究開発は、学校における学習効率の問題や、ＳＯＨＯにおける知的生産性など、オフィスのみならず学校、住宅、病院を含め、建築の多くの分野に幅広く波及することが予想される。

　また関連する産業分野も、建築、設備・機器、ＩＴ、インテリア、エネルギーなど多岐にわたる。知識生産に適した建築を実現するためには、建築・環境設計におけるイノベーションが必要で、これを推進するためには、建築学、設備工学、環境学、ＩＴ、エネルギー工学、医学、経営工学、組織工学など、さらに必要に応じて人文科学、社会科学との連携も視野に入れた分野横断的な研究体制の整備が求められている。

知識社会への移行と地球環境負荷の低減

　過去の農業社会、工業社会と比べ、現在の知識社会が抱える決定的に

新しい条件は地球環境問題である。まさに文明のパラダイムシフトが求められているといえる。このパラダイムシフトを実現するための一つの有力な方策として知識社会への移行が挙げられ、それを効率よく推進するための手段として、知的生産性の向上を指摘することができる。

　すなわち、20世紀の大量生産・大量消費型の文明が破綻したことが明らかとなった現在、未来、近未来の社会に対して喫緊の課題として求められることは、温暖化対策をはじめとする地球環境負荷の削減である。その意味で、従来のような物質生産の増加を基本理念とする経済運営のモデルからのパラダイムシフトが求められる。新しい文明に求められているのは脱物質化である。そして脱物質化社会の推進を支える重要な理念として知識社会への移行が指摘され、そのプロセスにおいて知的生産性の向上によるナレッジ・エコノミーの活性化という方向を指し示すことができる。

知的生産性研究の契機

　建築環境分野においては、近年、知的生産性の問題が一部の研究者の関心を集めるようになった。まず欧米が先行し、日本がこれに追随するという図式である。

　20世紀の物質文明は建築環境設計のあり方にも大きな影響を与えた。最大の影響は人工環境化という流れであった。過度の人工環境化については、地球環境問題の顕在化以前から、その危険性に対する警告が環境工学の内外から発せられてきた。20世紀終盤に発生したシックビル問題は、不幸にもこの警告が現実化したものであるといえる。

　シックビル問題の研究を通して、劣悪なオフィス空間におけるワーカーの知的生産性の低下が問題となり、各種の研究が実施されるようにな

った。これを主なる契機として、シックビルで問題となる空気環境だけでなく、温熱環境、光環境、音環境を含む環境全体と知的生産性の関係が研究されるようになった。物理環境が知的生産性に与える影響を中心に研究が進められ、知的生産性と種々の物理環境、人体生理現象との定量的関係が徐々に明らかにされ、一定の評価を集めつつある。

　最大の成果の一つは、執務空間の居住環境の改善と知的生産性の向上のもたらす経済効果の関係が明らかにされつつあることである。知的生産性向上のための投資が、経営者にとって費用対便益の観点から極めて有利であることが、多くの研究から実証されつつある。また居住環境の改善が、主役であるナレッジ・ワーカーにも大きな恩恵をもたらすことも広く知られるようになってきた。

知識社会への移行がもたらす波及効果

　日本では従来ホワイトカラーの生産性の低さが指摘されてきた。これをそのまま引きずり新たに出現したナレッジ・エコノミーの国際競争において遅れを取ることは許されない。その意味で知的生産性向上のための基盤を整えることは、日本の経済・産業にとって極めて大切なことである。知識社会への移行は、すでに述べたように地球環境問題の緩和効果や建築、設備、環境、インテリア、ＩＴなどの各種産業の振興やニュービジネスの創成など幅広い波及効果をもたらす。

　ナレッジ・エコノミーを支える重要な基盤が、ナレッジ・ワーカーが活動する環境である。その意味で、知的生産性の向上に貢献する建築環境の開発・提供が重要で、そのための研究やそれを推進する研究体制の早急な整備が求められているといえる。

知的生産性研究の課題

　上記に鑑みて、建築環境分野の当面の研究開発課題として以下のようなものが挙げられる。
- 知識社会の進展と地球環境負荷削減に関する研究
- 居住環境（物理、心理、生理の側面）と知的生産性に関する研究
- 空間品質と知的生産性に関する研究
- 知的生産性の測定方法、評価方法に関する研究
- 知的生産性向上をもたらすナレッジ・ワーカーの創発性を刺激する建築・環境設計手法の開発
- 知的生産性の向上がもたらす経済効果に関する研究
- 行政支援ツールにおける知的生産性問題活用の検討（たとえば、総合環境性能評価ツールCASBEEへの知的生産性側面の導入）

　21世紀に入って、知識社会への移行は一層急速になりつつある。このプロセスにスムースに適応することは、日本の社会、産業、経済にとって第一義的に重要な課題である。そのために上に示すような研究開発課題の推進に早急に着手して、ナレッジ・エコノミーを支える新しい基盤としての建築・環境を実現することを強く望む次第である。

第2章
知的生産性研究の展望

より質の高い環境とは何か

　標題の「知的生産性」(プロダクティビティ)は「知的作業に係わる作業効率」を意味するが、広い意味では学習効率もこれに含まれる。本章では、学習効率という問題を視野に入れて、より広い立場から知的生産性全般について論述する[2]。

　現在の建築技術はオフィス、学校、住宅等の居住環境の設計に関して長い歴史と豊かな実績をもっている。一方で現在の建築技術の提供する屋内環境そのものやその設計方法が、多様化、高度化する現代社会の要求に十分応えているかという問題がある。前章で述べたように地球環境問題の深刻化とともに、20世紀の大量生産・大量消費型の文明のパラダイムの破綻が明らかとなった。

　21世紀の新しい文明のパラダイムとして、サステナビリティと脱物質化を目指すことは人類共通の課題となってきたが、建築分野も例外ではなく、すでに省エネをはじめとして目標の明確な課題については関係者の努力が開始されている。衛生・健康・快適は従来建築環境学の最も重要な研究テーマの一つであったが、これらのテーマについても脱物質化の流れに沿ったパラダイムシフトがなされ、新しい環境デザインの領域が

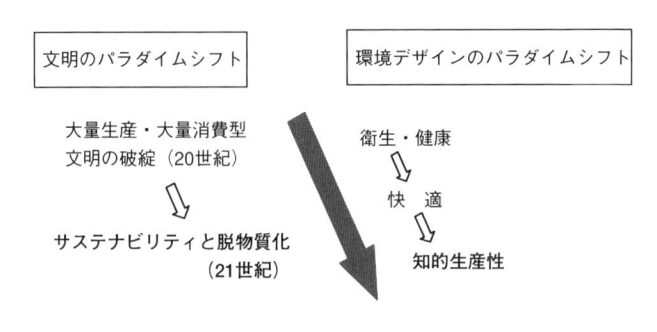

図2.1　環境デザインにおけるパラダイムシフト

開拓される必要がある。環境負荷の増加をもたらさずに"より質の高いオフィス、学校、住宅等の環境"を提供することが、環境デザインにおける最大の課題となりつつある。現在"より質の高い環境とは何か"ということを解明することが強く求められており、図2.1に示すように有力な回答の一つとして"知的生産性の高いオフィス"、"学習効率の高い教室"を指摘することができる。

このような状況のもとで、近年、「執務空間の知的生産性」(英語では一般にWorkplace Productivity)という研究テーマが世界的に話題になっている[1)-14)]。「執務空間における知的生産性」に関する研究は、そのまま学校における学習効率の研究に通じる。ここではこれらの問題も含め執務空間の知的生産性に代表させて考察する。教室における学習効率に着目した専門的研究は第3編において紹介する。

知的生産性に影響を及ぼす様々な要素

一般に効率や生産性はアウトプット／インプットとして定義される。ただし知的生産性や学習効率の場合、関連する要因が多くその分母も分

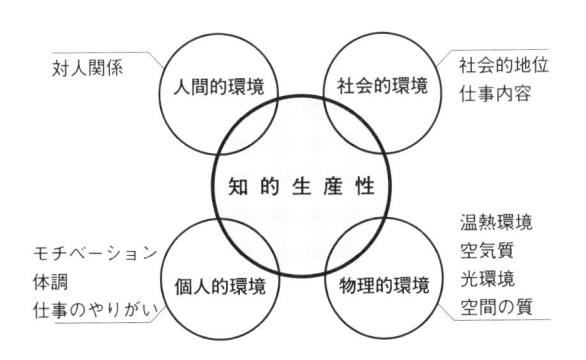

図2.2 物理環境、人間／社会環境と知的生産性[15)]

子も定義や定量的評価が困難で、この問題に関する研究は緒に就いたばかりといってよい。

　知的生産性や学習効率については、図2.2に示すように人間をとりまく物理環境、社会環境からの物理的、心理的影響が多様である[15]。そのため、従来の衛生・健康・快適を目指した屋内環境のデザインでは考慮する必要が少なかった社会環境も含め、より横断的な研究が求められるようになる。

　周知のように、知的生産性は人間の意識や気持ちのもち方に強く影響される。図2.3に示すフローでは、特に人間の意識に着目し、執務環境→人間→知的生産性の関係が示されている[3],[16]。すなわち、知的生産性は物理環境、社会環境のみならず人間の心理、生理、意識にも係る部分が多い。さらに知的生産性は、個人の問題であるが同時に組織のあり方にも深く関連する。

　知的生産性の評価の一例として米国のNEMA（National Electrical Manufactures Assosiation：米国電機製造業者協会）が提案した評価指標を表2.1に示す。関連する問題の多いことがよく理解される。

　したがって知的生産性や学習効率については、建築環境工学に加えて、人間関係論、組織行動論、産業・組織心理学などの手法を駆使して研究が進められつつあるが、これを実証的に解明し設計手法に結びつけることは容易ではない。この点にこそ知的生産性というテーマがこの分野の新しい挑戦課題であり、このための設計手法を確立することが建築分野のパラダイムシフトにつながるといえる。

経営面から見た知的生産性

　オフィスワーカーは一日の多くの時間を室内で過ごす。執務者に対し

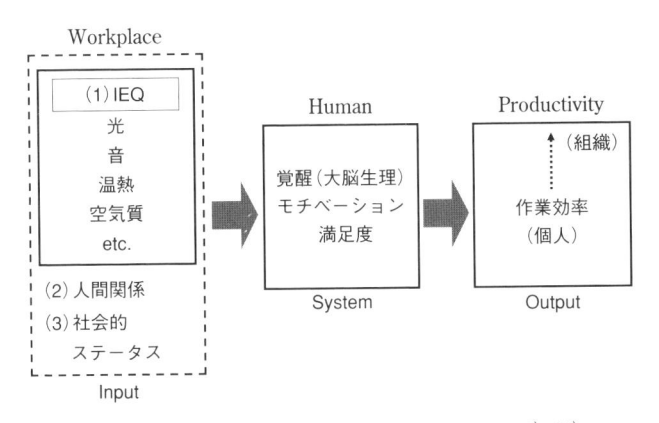

図2.3 執務環境→人間→知的生産性の流れ [3]、[16]

表2.1 知的生産性の評価指標（NEMA、1989）

- より正確に作業が行える
- 正確性を損なうことなく、より速く作業が行える
- 疲れずにより長い時間作業が行える
- より効果的に学ぶことができる
- より創造的である
- より効果的にストレスに耐えうる
- より協調・協力して働きえる
- 予知しない状況によりよく対処できる
- より健康的であると感じる、それ故、作業に多くの時間を費やせる
- より多くの責任を受け入れられる
- 要求に対してより積極的に応じる

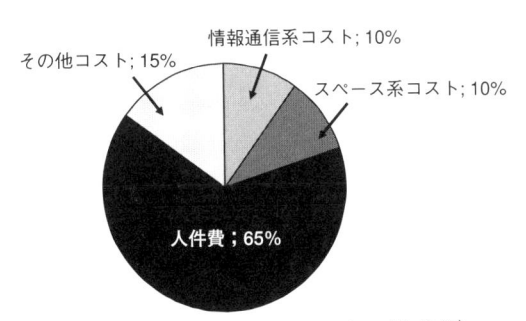

図2.4 一般的なオフィスコストの構成 [17]

て衛生、健康的で快適な屋内環境を提供することの意義は万人の認めるところであるが、経営管理の側面からも従来のものに比べより質の高い屋内環境を開発し、知的生産性を向上させる空間の提供が求められている。

　図2.4に示すように一般的なオフィスコストの中では人件費が2/3を占めている[17]。したがって企業には経営効率の観点から、コスト全体の中で高い割合を示す人件費の投資効率を最大化することが求められている。ホワイトカラーやナレッジ・ワーカーと呼ばれるオフィスワーカーの知的作業効率、すなわち知的生産性の向上が強く求められている。

　知的生産性の高い空間は省エネルギーを含む環境品質の向上に努めているから、執務者に対して健康・快適性の向上を含め、幅広いアメニティの向上を提供する。これは欠勤日数の低下や、医療費の減少、知的作業効率の改善など、従業員のみならず経営者を含め、幅広い恩恵をもたらすことがすでに報告されている[6]。経営の指標としての知的生産性を(2.1)式に示す。

$$\frac{知的生産性向上のもたらす恩恵の金額換算値}{良質な執務空間を提供するための投資} \qquad (2.1)式$$

　単に健康・快適に止まらない知的生産性を向上させる執務環境を整備することの有効性の判断は、このような指標に基づくことになるが、実用的な指標の開発は現在途上にあるといえる。教室の場合には利潤を上げることが目的ではないが、(2.1)式の分子を生徒の学習効率の向上と読み替えれば、同様の考え方を適用することができる。これに関する検討結果は第2編第7章に示される。

既往の研究

　前述のように、日本に限らず世界の先進国において人件費の高騰は大きな問題で、その効率的な活用は経営上必須の事項である。このような状況を受けて近年欧米の研究者を中心として、建物のライフサイクルコストと知的生産性向上に伴う利潤増加に関する試算結果が種々報告されており、知的生産性向上に寄与する室内環境への投資は費用対便益の高いことが多くの実証的研究により明らかにされている[6]、[12]、[18]-[23]。

　図2.5のモデルに示すように、建物に係わる投資額に対して、建物内

図2.5 執務空間に高い品質が求められる経済的背景 [18]、[19]、[21]

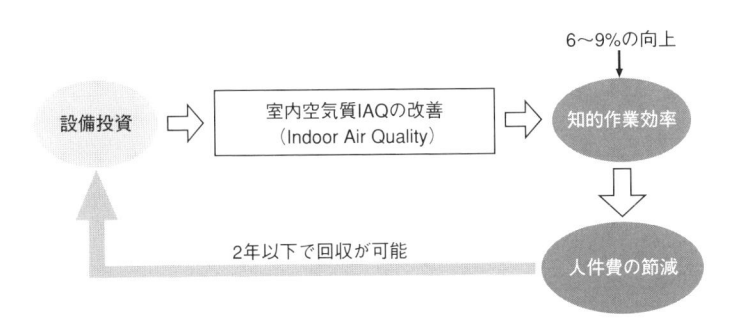

図2.6 コールセンターにおける実験による投資の回収期間の検討
（D.Wyonらによる[19]）

で行われるビジネスの価値は一桁以上大きいので、建物の環境性能の向上に対する投資を、知的生産性向上のもたらすビジネスの価値の向上として回収することは容易であるという分析が数多く報告されている[18]、[19]、[21]。

最も先駆的な研究としてD. Wyonによるコールセンターにおける研究を挙げることができる。図2.6に示すようにD. Wyonは欧州や熱帯地方でのコールセンターの実測や実験室における実験[19]から、室内空気質の良否により知的作業効率は6～9％影響されると推定している。そして、コールセンターでは作業者の賃金が高いために、室内空気質改善に投資した資金は2年以下で回収することができると報告している。

また、O. Seppänenらは室内環境制御とオフィスワークの生産性改善に関する費用対便益を算出するためのモデルを提案している[6]。その環境制御・知的生産性・経済的評価のフローチャートを図2.7に示す。

図2.7に示す費用対便益算出モデルをもとに、Fiskら[20]は既往の室内環境の質と知的生産性向上に関する結果を参考にして、アメリカ合衆国全体における室内環境改善による健康ならびに知的生産性の向上による

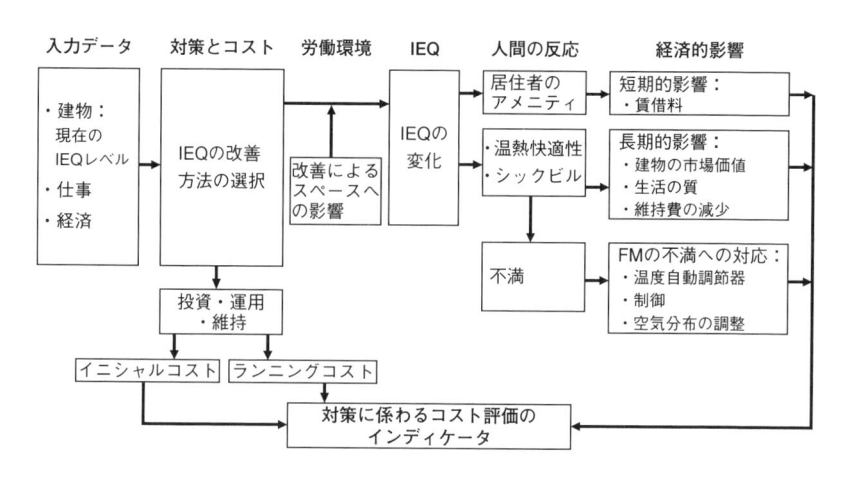

図2.7　環境制御・知的生産性・経済的評価のフローチャート(Seppänenらによる[6])

費用対便益を算出した。その結果を表2.2に示す。オフィスワーカーの知的生産性向上がもたらす利益が120億ドル～1250億ドルとなり、オフィスワーカーの知的生産性向上に加えて健康改善による効果を含めると300億ドル～1700億ドルにのぼる効果があると報告している。

O. Seppänenら[21]は、室内温度が25℃以上の場合、1℃の上昇により生産性が2％低下するという温度―生産性モデルを使用し、ナイトパージ(夜間換気)を利用した場合、プロダクティビティ向上による金銭的価値は投入エネルギー費用の32～120倍になると報告している。その結果を表2.3に示す。

表2.2　健康影響改善と知的生産性向上のもたらす経済的利益（Fiskらによる[20]）

健康影響、知的生産性	与える影響の強さ	知的生産性向上により年間得られる予想利益
呼吸器疾患の減少	強	60 ― 190 億$U.S.
アレルギー・ぜんそくの減少	中	10 ― 40 億$U.S.
シックビル症候群の減少	中から強	100 ― 200 億$U.S.
作業効率の改善：		120 ― 1250 億$U.S.
温熱環境の改善	強	
光環境の改善	中	

表2.3　ナイトパージ(夜間換気)の効果（Seppänenらによる[21]）

電気料金 [$ kWh]	8時間使用した時の電力消費 [kWh]	ファンの電気料金 [$ U.S.]	知的生産性向上による利益 [$ U.S.]	利益率
0.05	1.84	0.09	11.7	120
0.10		0.18		64
0.15		0.28		42
0.20		0.37		32

P. Wargockiら[22)]は、空気質に関する実験室実験から、空気質に関する不満足者率と知的作業効率に関する線形モデルを作成し、これを基に寒冷気候、温暖気候、暑熱気候の三つの気候地域を対象にCAV(Constant Air Volume)ならびにVAV(Variable Air Volume)の空調方式のもとで室内空気質改善に関するコストシミュレーションを行っている。この結果、投資回収年数は2年以下、当初設定していた収益見込みより年間で4〜7倍高い収益を上げることができると報告している。

　日本では田辺・羽田ら[12)]や村上・伊香賀・内田ら[23)]はクールビズの効果に関する研究を行っている。田辺らはオフィスを対象として、夏季の設定温度を26℃から28℃とした際の知的生産性を含めた経済試算を行っており、エネルギーコストは電力量換算で32.9円/m^2/年が削減され、二酸化炭素排出量が1.12kg-CO_2/m^2/年削減されるものの、執務者の知的作業効率低下による損失として、人件費換算で3200円/m^2/年が見込まれるという結果を報告している。

　このように知的生産性を執務環境の評価尺度として組み込むことは経営者にとって経営管理の観点から有効であるが、同時に室内環境の改善という意味で執務者にも大きなメリットがあることは自明である。そのため、知的生産性は執務環境設計のための新しいパラダイムになるといえる。しかしながら、図2.2、図2.3に示したように知的生産性の中味は複雑で、その具体的かつ定量的な評価法に関しては現在、研究途上の段階であるといえる。知的生産性の良否という評価尺度を実際の建築環境設計へ適用していくためには、知的生産性の的確な評価方法とともに経済的価値の評価方法の確立が必須であり、今後の活発な研究推進が望まれる。

知的生産性に関する研究手法

　図2.2、図2.3に示したように、知的生産性は物理環境、社会環境や人間の心理、生理、意識に係る部分が多く、その実証的研究は極めて困難とされてきたが、近年、日、米、欧で優れた研究が見られるようになった。ここでは研究手法と既往研究の概要について解説する。

　室内環境の質と知的生産性の関係ならびにその評価方法に関する検討は、アンケートや実験室実験という手法により行われることが多かった。また作業効率の定量的評価が可能なコールセンター等において、実際の業務成績をベースにした現地調査も行われている。実験室実験では厳密な環境制御が可能であるものの、被験者の心理量の正確な再現が容易でなく、現地調査はその逆の傾向を有するといった特徴があり、一長一短である。

　知的生産性に影響を及ぼす要因は従来の研究手法では解明困難なことが多く、検討結果の統計的有意性を確認することが容易でない。したがって知的生産性評価を正しく行うためには、信頼性の高い調査、実験を

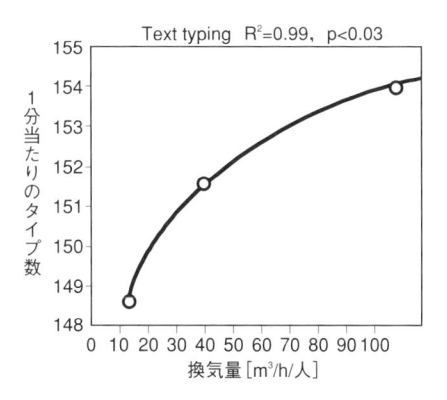

図2.8　換気量と知的作業効率の関係（P. Wargockiらによる[25]）
（原著では横軸［L/s/人］であるが、日本での慣例にしたがい［m³/h/人］に換算している）

繰り返しデータベースを充実させ、横断的な比較研究を行い、室内環境の質と知的生産性の定量的な関係に関して、統計的信頼性の高い知識大系を構築する必要がある。

1. 実験室実験

室内環境の質と知的作業効率の関係に関する実験は、歴史的に欧米を中心に行われてきた。代表例の一つとしてP. Wargockiら[5)、24)、25)]、L. Lagercrantzら[26)]による実験を紹介する。彼らはシックビルディング症候群等の不定愁訴に着目し、換気量の増加や汚染源の有無などによる室内空気質の改善と知的作業効率に関して種々の実験室実験を行っている。たとえば、図2.8に示した結果のように外気導入量を2倍にするごとに知的作業効率が平均1.7％向上すると報告している（$p<0.03$）（p：probability（有意水準）、一般に$p<0.05$で有意）。

2. 現地調査による業務成績の評価

現地調査では前述のようにコールセンターなどを中心として、知的作

統計的有意とは？

本書では、各所で「有意に差がある」といった表現を用いているが、これは有意水準を5%（=0.05）に設定した場合、5%の確率で「差があるという判断に誤りがある」ということを意味する。また、5%の有意水準は95%の信頼度と表現する場合もあり、これは95%の確かさで「差がある」ということを意味することとなる。有意水準としては5%に設定することが一般的である。

本書では有意水準（もしくは有意確立）をp値で示しており、たとえば有意水準5%以下の場合、$p<0.05$と標記している。当然の事ながらp値が小さいほど偶然により、信頼性が損なわれる確率が小さい。すなわち差に意味があることを意味する。統計的有意差が認められない場合、有意差なし(n.s.：no significant difference)と表現する。

詳細は専門書に譲ることとするが、本書での統計分析では、客観的な学習効率評価ならびに主観的な学習効率評価の環境間比較には、等分散を有意水準5%で仮定できるものに関しては対応のあるt検定を行うとともに、等分散を有意水準5%で仮定できない学習効率の調査結果や順位尺度による申告結果の環境条件間比較には、対応のある順位尺度の検定としてWilcoxonの符号付順位検定を実施している。

業効率の定量的評価が可能な実際の業務成績を用いた検討が行われている[11], [19], [27]。コールセンターのように作業内容が限定されている場合、知的作業効率の正確な測定が比較的容易である。P. Wargockiら[27]は外気取入れフィルターの交換（6ヶ月使い古したフィルターを新品のフィルターに交換）ならびに外気導入量の増加（9.0 m^3/h/人を90 m^3/h/人に増加）がコールセンターの知的作業効率に及ぼす影響を検討している。結果を図2.9に示す。

新品のフィルターで外気導入量を増加させると6％の知的作業効率向上（図2.9-(1)）が認められ、次に古いフィルターで外気導入量を増加させると8％の知的作業効率が低下（図2.9-(2)）することを確認している。さらに外気導入量が多い条件（90m^3/h/人）で新品のフィルターにすると9％の知的作業効率向上（図2.9-(3)）がもたらされたことを報告している。

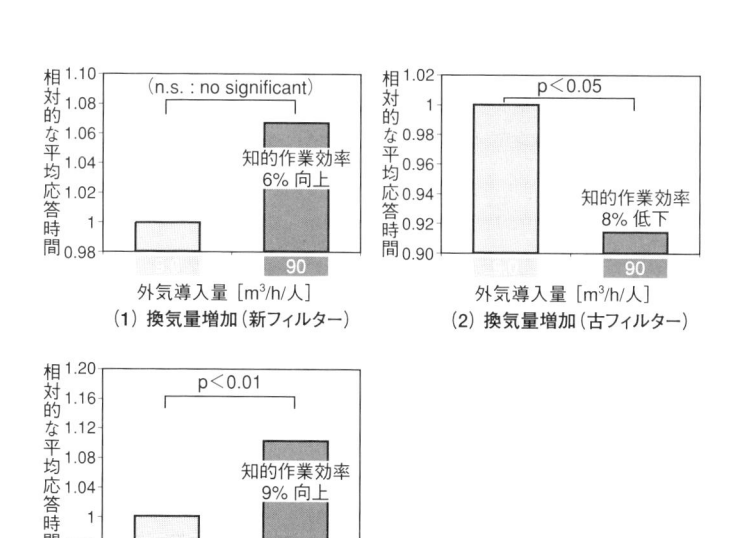

(1) 換気量増加（新フィルター）

(2) 換気量増加（古フィルター）

(3) 新・旧フィルターの比較（換気量は90m^3/h/人で一定）

図2.9　コールセンターにおける空気質と知的作業効率の関係
(Wargockiらによる[27])

3. 人体の生理量に着目した客観的な評価

田辺、西原らは作業効率のみによる知的生産性の評価には限界があると考え、疲労度に着目し、その客観指標として脳内代謝状態の測定を知的作業効率の評価に加えた検討を行っている[9)、28)]。短時間での室内環境実験では、たとえ劣悪な環境下でも被験者が普段以上の努力をすれば作業成績の低下が認められないこともあるが、その代償として脳内の疲労などには顕著な差が見られると報告している。

このような人体の生理指標と知的生産性の関係が蓄積されることにより、より定量的な知的生産性の評価が可能になるものと期待される。

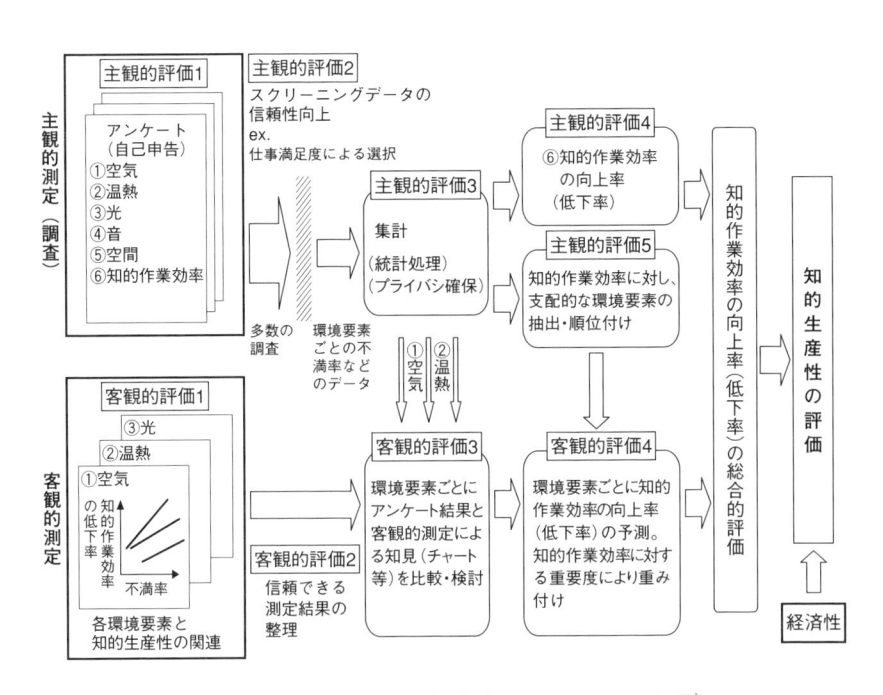

図2.10　知的生産性の評価方法のフレームワーク[29)]

4. アンケートによる主観的な評価

現地調査、実験室実験を問わず、比較的実施が容易な評価方法であるアンケート用紙を用いた知的生産性の主観評価法は、実測、実験に併用して広く利用されてきた。橋本、川瀬らはオフィス空間を対象として、アンケート形式により知的生産性に関して主観的に申告調査を行う調査方法の研究を行ってきた[10]。これは、人間の心理量などに関する主観申告結果から間接的に知的生産性レベルを推定する方法であり、疲労感や快適性を自己申告し、それを定量化して知的作業効率を推定することを試みている。

主観的評価は質問内容を限定すれば回答者の負担を小さくすることができ、測定機器を設置する手間や費用もなく、回答者ならびに測定者の両者にとって実施が容易である。また仕事満足度などを併せて質問し、その申告値の大小をもとにスクリーニングを行うことで、非物理的要因によるモチベーションの影響など、室内環境以外の要因を排除できるという利点をもつ。

橋本、川瀬らが提案した、知的生産性評価の測定方法[29]に関するフレームワークを図2.10に示す。実施が容易な主観的評価をベースに構成し、この方法がもつ短所を客観的評価で補う方法を組み合わせた点に、提案の独創性と有効性が認められる。

まとめ

本章では知的生産性や学習効率の重要性とその実証的解明の困難さについて解説した。今後は知的生産性の概念整理や定義の明確化を進めて、屋内環境の質が知的生産性に与える影響に関して、調査研究事例を蓄積することが強く求められる。それに基づき知的生産性の評価方法を確立

し、この問題に関する経済・産業界の理解の向上を図ることが肝要である。さらに経営者と研究者のコミュニケーションを通して、知的生産性を経営指標として普及させていく必要がある。

ここでは執務環境における知的生産性研究の動向を中心に報告したが、知的生産性に関する研究対象はオフィス環境(ワークプレイス)から学校・教育施設への展開を見せており、さらにはSOHOを含む居住施設への適用に向けて、研究が大きく進展する様相を示している。

オフィス、学校、住宅等における知的生産性や学習効率を向上させる室内環境を創造していくことは、人類に新たな福祉をもたらすものであり、これを学術的に推進することは、ますます重要性を増しているといえる。参考までに学術団体における知的生産性研究のこれまでの実績を表2.4に示す。

表2.4　学術団体における知的生産性研究

2004.5	空気調和・衛生工学会：建築設備システムの性能評価方法の標準化調査研究委員会(委員長：村上周三)にワークプレイスプロダクティビティ研究小委員会の設立(主査：村上周三)
2005.4	国際シンポジウム：「オフィスの知的生産性研究の最前線」の開催(空気調和・衛生工学会　ワークプレイスプロダクティビティ研究小委員会(主査：村上周三)主催) ゲスト：Pawel Wargocki、David P. Wyon (デンマーク工科大学)　他
2006.4	日本建築学会：環境工学本委員会にワークプレイスプロダクティビティ研究小委員会の設立(主査：川瀬貴晴)

第2編 学習効率を高める教室環境

■教室の環境と学習効率にはどのような関係があるか

学習効率、すなわち勉学の効率を考えた場合に、環境をどのように設定することが適切であろうか。あるいは、窓際に着席した人と教室の中央に着席した人は、どちらも同じ条件で学習することが可能であろうか。

教室環境を管理・調整する側から考えた場合、どのような室内環境を提供することが生徒の学習効率の最大化に寄与するかを知ることは大切なことである。

第1編で紹介したとおり、教室環境と学習効率の間には「何らかの関係がありそう」であることは異論の無いところであろう。しかしながら、どのような環境要素がどの程度の影響を与えるのかは不明な点が多く、定量評価の試みが始まったばかりである。第2編にはこの課題に答えるために筆者らが行った一連の先駆的な研究について紹介する。

■教室環境を形成する要素

一口に教室といっても、それらの中には様々な要素が存在し、様々な関連性をもって室内環境を形成している。物理的な側面に着目すれば、気流、温度、音、光、日射、湿度等、様々な環境要素が挙げられる。空気環境のみに着目しても、二酸化炭素や揮発性有機物質に代表される化学物質の濃度レベル、臭気物質や粉塵、ダストといった空気の質（Quality）に関わる各種の要素がある。その他、教室の色、テクスチャー、机や椅子の形状、空間的な位置関係等を含む意匠的、建築計画的なインテリアデザイン要素、さらには清掃の頻度や程度も教室環境を形成する重要な要素となりうる。これ

ら室内環境要素と人体との相互作用の程度は、人体側の心理・生理的要素によっても大きく評価の異なることが知られている[3), 4), 9), 10), 30)-32)]。

■教室内には学習効率に関する不均一が存在する

　教室等を含む室内空間では、一般に不均一な環境が形成されている。外気を取り入れる目的で給気口と排気口が設置されている場合、給気口付近では新鮮で清浄な外気が十分に供給されているが、排気口付近では、室内を通過した後の、ある程度汚染された空気に支配されている可能性が高い。すなわち教室内には空気の清浄度に関して不均一な分布が存在することとなる。また、窓面から日照がある場合には、外壁面に近い窓面付近、いわゆるペリメーター領域と、ある程度窓面から離れたインテリア領域では温度分布や照度分布に大きな差が現れ、不均一空間が形成される。

　教室環境が不均一であり、かつ室内の各種環境要素が学習効率に何らかの影響を与える可能性があるならば、個々人の能力や意欲とは別の次元として、「教室内には学習効率に関する不均一が存在する」という推測が導かれる。

　近年、学校の教室に代表される室内環境に求められる機能の一つとして学習効率の良否が注目されている。これは第1章で紹介したとおり、執務空間を対象とした場合には、知的生産性やプロダクティビティといったキーワードで表現される研究課題である。欧米を始め、海外でも大変高い関心が寄せられているテーマであるとともに、近年、学術的な研究が進み始めている分野でもある。

第3章

学習効率の現地調査

本章では、教室環境の中で空気や熱といった物理的な環境要素に着目し、資格試験対策予備校を対象として綿密な現地調査を実施することで、物理環境要素が学習効率に与える影響を定量的に検討した結果を紹介する[13]、[33)-39]。

現地調査の概要

1. 現地調査における様々な課題

　教室内の学習効率を評価する場合、配慮すべき事項がいくつかある。

　基本的な問題として、「学習効率」の定義が明確には定められていないという点が挙げられる[8]。学術的にも十分なコンセンサスが得られている定義はなく、特定のテストを実施した場合の解答速度や正答率、短期的な記憶の程度[40]、といった基礎的な学習要素を測定することで学習効率の良否を検討することが多い。これは学習におけるコンポーネントスキルの測定とも呼ばれるが、やはり実際の授業を受けている状態において、効率的に授業の内容が吸収できているか、理解できているか、といった観点から総合的に学習効率の評価を行うことが望ましい。

　学習効率の絶対評価を行うことは難しく、相対評価によって定量化を行う必要があるという点も大きな問題である。相対評価とは、ある基準状態での学習の程度を定め、評価対象とする環境での学習の程度を基準状態との比によって表現する方法である。これは必ず複数の条件での測定や評価が必要となることを意味する。

　測定対象とする教室内に目を移すと、複数の教室で同時に学習効率の測定を実施したい場合、各教室の環境が同じになるように整える必要が生じる。一般に教室内には環境の不均一分布が存在する。事前にその分布を詳細に把握することは困難であることが多く、それゆえ、教室内の

環境が均一となるよう特別な調整が必要となることが多い。また、生徒の学習効率は教師の能力にも大きく依存する可能性がある。いわゆるカリスマ教師の講義とそうではない教師の講義では、同一内容を教える場合でも学習効率に差が生じる可能性があることは容易に想像がつく。

さらに、実際の教室で生徒を対象とした測定を行う場合には、各生徒のやる気の程度や個々人のもって生まれた能力に大きな分布が存在している可能性がある。統計的に意味のある生徒数を確保した状態で測定を行わない限り、意味のある（有意な）結論を導くことは難しい。

このように、実際の教室の環境を対象として学習効率の測定を行うことは配慮すべき点や困難な点が多く存在する。このような状況の中で、筆者らが行った学習効率の現地調査の方法を紹介する。

2. 学習効率評価から見た今回の調査対象

教室環境と学習効率に関する現地調査は、全国展開している資格試験対策予備校である日建学院の協力を得て実施した。日建学院は映像講義を用いて、全国で均一な講義環境を提供していることに大きな特徴がある。

教師の教授レベルやプレゼンテーション能力が学習効率に与える影響は大きいので、異なる教室条件や異なる教師によって行われた授業を対象として、室内環境の質が学習効率に与える影響の比較や検討を行うことは大変困難となる[5],[8]。

各種の教室環境を対象として、建築設備的・環境工学的側面での教室環境要素が学習効率に与える影響を調査する場合、教師の教授能力は統一化、標準化されていることが望ましく、この点において全国一律に同一の映像コンテンツを用いた授業を提供する方式は、室内環境と学習効率の関係を調査する上でこの上なく適切な調査対象となる。

日建学院では、一連の授業の最後に授業理解度を問う全国一律の確認テストを実施しており、学習効率を確認テストの点数を用いて定量的に

評価することが可能となる。講義内容と直接的には関係のないコンポーネントスキルの測定ではなく、実際の講義内容に関する確認テストを実施することで、ダイレクトに授業理解度、すなわち受講する側の学習効率を測定することが可能となる。これも今回の現地調査の優れた点である。

学習効率の評価方法

本調査では、客観的な学習効率評価法と主観的な学習効率評価法の2種類を採用して、室内環境と学習効率の関係解明を試みる。

1. 客観的な学習効率の評価方法（テスト）

客観的な学習効率評価では、講義の理解度を問う統一確認テストの点数をそのまま採用する。一級建築士受験対策講座の確認テストは実際の建築士試験と同じ形式となっており、五者択一形式である。一連の講義の終了後に実施される確認テストは全20問構成で、30分程度の解答時間となっている。解答時間は十分に確保されているため、時間的制約により正答率が低下することはないと推測される。代表的な確認テストの一例(内容の一部)を表3.1に示す。この問題は建築計画分野の設問で、論理的思考というよりは知識量を問う暗記系科目に分類される。

客観的な学習効率を評価する方法として確認テストを実施した場合、正答率や解答速度等、着目すべき評価項目はいくつか考えられる。今回の現地調査では、解答速度は評価対象とせず、比較的十分な解答時間が与えられた場合の授業理解度、すなわち正答率で客観的な学習効率を評価することとする。

授業理解度は集中力、教師の話を理解する力、暗記能力、テスト解答時の文章読解力、計算・論理的思考等を含むものであり、総合的な評価

項目であると考えられる。たとえば、暗記能力のみに着目した場合であっても、短期記憶と長期記憶に分類することが可能で、各々を詳細に評価するためには複数のテストを用意し、評価手法も個別に設定する必要が生じる。古来、日本ではコンポーネントスキルと呼ばれる基礎的な能力を「読み」「書き」「そろばん」と表現したが、学習能力とはこれらのコンポーネントスキルが複合的に組み合わさることで実現される能力とみなすことも可能である。複雑な仕組みで構成されている能力を、一定の出力形態で評価することは本質的に困難な課題なのである。

日建学院で提供されている統一確認テストは、資格試験対策予備校としての長期にわたる経験と充実したデータにもとづいて作成されたもので、授業理解度を評価するテストとしての適正を備えていると判断できる。今回の現地調査で採用した学習効率の評価法である統一確認テストの正答率は、複合的な学習効率を評価する方法として現実的かつ合理的な方法であるといえる。

講義内容が異なる場合には確認テストの難易度も異なる。一般には統計的な標準化を行うことで相互比較を行うが、ここでは日建学院が全国

表3.1　代表的な統一確認テストの事例（建築計画）

問10　事務所建築に用いられる各種配線方式に関する次の記述のうち、最も不適当なものはどれか。

1. フリーアクセスフロア配線方式は、床を二重床とし、その間を配線スペースとして使用する方法で、床の設計荷重を軽減する効果がある。
2. 事務所ビルにおいて、基準階の床は、高さ6cmのフリーアクセスフロアとし、オフィスのレイアウトの変更に対応できるように配慮した。
3. アンダーカーペット配線方式は、床上に極薄のケーブルを直接布設する方式で、特殊な床仕上げを必要であるが、増変更には容易に対応できる。
4. バスダクト配線方式は、必要な場所に配線を行い、これに導体を収容・保護させる方式で、最大許容電流が大きく、大容量の電力供給に適している。
5. バスダクト配線方式に使用される導体は、一般に、銅又はアルミニウムである。

規模で統一確認テストを実施し大量のサンプルデータを保有していることから、日建学院で実施している全国平均点データをテストの難易度とみなして統計処理を行うことで、後述する分析を行っている。

2. 主観的な学習効率の評価方法（アンケート）

主観的な学習効率評価は、筆者らがオリジナルに作成した自己申告票を用いて行った。我々の研究グループで作成した主観評価の申告票、いわゆるアンケート調査票を表3.2に紹介する。

申告票の項目は、1．回答日、2．基本情報（体調、年代ならびに着衣量等）、3．光環境、4．熱環境、5．空気環境、6．音環境、7．空間環境（部屋の広さやインテリア）、8．学習効率関連、の8項目から構成されており、2．から7．の物理環境に関する設問項目では、環境満足度と授業理解へ及ぼす影響度に関する質問項目を設定している。環境満足度に対する回答の中で、(1) 不満、(2) やや不満と回答した人の割合を不満足者率として算出する。8．学習効率関連の質問項目では、既習率ならびに興味度を問うことで、統計処理を行う際のスクリーニングデータとして用いる。

また、主観的な学習効率を定量的に評価することを目的として「室内環境の要因によってロスしたと思う時間（分）」、ならびに「現状の室内環境要因が改善された場合の授業理解度の予想向上率（％）」という二つの質問項目を設けている。

説明が前後するが、アンケート調査票を作成するためには幾つかのプロセスと配慮すべき事項がある[41]。当然のことであるが、学習効率評価を目的とした主観評価票を作成する場合、第一段階として学習効率の概念整理と評価を行うための仮説設定を行う。その後、仮説検証のための予備実験・予備調査を実施し、アンケート調査票の質問項目の作成へと続く。質問項目作成の際の言葉使いや言い回しのことを「ワーディング(Wording)」というが、このワーディングの良否によっては調査結果が

表3.2　主観評価の申告票

申告用紙

本申告用紙は、教室の室内環境改善のための資料とさせていただくものです。
誠に恐れ入りますが、以下のアンケートへのご協力をお願い致します。

学生番号 [　　　　　]

1．回答日を以下の欄にご記入下さい。　　　　以下の欄（↓）に回答して下さい
　①回答日　　　　　　　　　　　　　　　　　2006年 [　　] 月 [　　] 日

2．あなたご自身についてお答え下さい。
　①性別　　1.男　　2.女　　　　　　　　　　　　　[　　] (1.or 2.)
　②年齢（10代、20代、30代、40代、50代、60代、70代、………）[　　] 才代
　③過去1年間で最も調子の良かった状態を100％として現在の体調を相対値でお答え下さい。
　　　　　　　　　　　　　　　　　　　　　　　　　　[　　] ％程度
　④他の方と比べて着衣量はいかがですか？
　　　1.薄着　　2.普通　　3.厚着　　　　　　　　　[　　] (1.～3.)

3．採光や照明など光環境について伺います。
　①この教室の光環境に満足しておられますか？
　　　1.不満　　2.やや不満　　3.どちらでもない　　4.やや満足　　5.満足
　　　　　　　　　　　　　　　　　　　　　　　　　　[　　] (1.～5.)
　②「1.不満」「2.やや不満」とお答えの方にお尋ねします。何が原因だとお考えですか？
　　　自由記述（　　　　　　　　　　　　　　　　　　　　　　　　　　）
　③今日の光環境は講義内容の理解度にどのような影響を与えていると考えられますか？
　　　1.低下させている　　2.やや低下させている　　3.影響しない
　　　4.やや高めてくれる　　5.高めてくれる　　　　[　　] (1.～5.)

4．部屋の暖かさ、涼しさなど温熱環境について伺います。
　①体全体としていかがですか？
　　　1.寒い　　2.やや寒い　　3.涼しい　　4.適当　　5.暖かい　　6.やや暑い　　7.暑い
　　　　　　　　　　　　　　　　　　　　　　　　　　[　　] (1.～7.)
　②今日の温熱環境に満足しておられますか？
　　　1.不満　　2.やや不満　　3.どちらでもない　　4.やや満足　　5.満足
　　　　　　　　　　　　　　　　　　　　　　　　　　[　　] (1.～5.)

（次頁に続く）

③「1. 不満」「2. やや不満」とお答えの方にお尋ねします。何が原因だとお考えですか？
　　　自由記述（　　　　　　　　　　　　　　　　　　　　　　　　　　　　）
　　④今日の温熱環境は講義内容の理解度にどのような影響を与えていると考えられますか？
　　　1. 低下させている　　　2. やや低下させている　　　3. 影響しない
　　　4. やや高めてくれる　　5. 高めてくれる　　　　　　　□□□　(1.～5.)

5．空気の汚れやにおいなどの空気環境について伺います。
　　①今日の空気環境に満足しておられますか？
　　　1. 不満　　2. やや不満　　3. どちらでもない　　4. やや満足　　5. 満足
　　　　　　　　　　　　　　　　　　　　　　　　　　　　　　□□□　(1.～5.)
　　②「1. 不満」「2. やや不満」とお答えの方にお尋ねします。何が原因だとお考えですか？
　　　自由記述（　　　　　　　　　　　　　　　　　　　　　　　　　　　　）
　　③今日の空気環境は講義内容の理解度にどのような影響を与えていると考えられますか？
　　　1. 低下させている　　　2. やや低下させている　　　3. 影響しない
　　　4. やや高めてくれる　　5. 高めてくれる　　　　　　　□□□　(1.～5.)

6．騒音や講義の聞き取り易さなど音環境について伺います。
　　①今日の音環境に満足しておられますか？
　　　1. 不満　　2. やや不満　　3. どちらでもない　　4. やや満足　　5. 満足
　　　　　　　　　　　　　　　　　　　　　　　　　　　　　　□□□　(1.～5.)
　　②「1. 不満」「2. やや不満」とお答えの方にお尋ねします。何が原因だとお考えですか？
　　　自由記述（　　　　　　　　　　　　　　　　　　　　　　　　　　　　）
　　③今日の音環境は講義内容の理解度にどのような影響を与えていると考えられますか？
　　　1. 低下させている　　　2. やや低下させている　　　3. 影響しない
　　　4. やや高めてくれる　　5. 高めてくれる　　　　　　　□□□　(1.～5.)

7．部屋の広さ、講義の見易さやインテリアなど、空間環境について伺います。
　　①今日の空間環境に満足しておられますか？
　　　1. 不満　　2. やや不満　　3. どちらでもない　　4. やや満足　　5. 満足
　　　　　　　　　　　　　　　　　　　　　　　　　　　　　　□□□　(1.～5.)
　　②「1. 不満」「2. やや不満」とお答えの方にお尋ねします。何が原因だとお考えですか？
　　　自由記述（　　　　　　　　　　　　　　　　　　　　　　　　　　　　）
　　③今日の空間環境は講義内容の理解度にどのような影響を与えていると考えられますか？
　　　1. 低下させている　　　2. やや低下させている　　　3. 影響しない
　　　4. やや高めてくれる　　5. 高めてくれる　　　　　　　□□□　(1.～5.)

8．学習意欲や受講状態、講義内容の理解度について伺います。

① 教室に入室前、講義に対する学習意欲(講義内容を吸収しようという意欲など)はいかがでしたか？今までの経験から、最もやる気のある状態を100、最もやる気のない状態を0として0～100でお答え下さい。　　　　　　　　　　　　□　％
② 教室に入室後、講義中の学習意欲はいかがでしたか？　　□　％
③ 今日のAテストの設問のうち、講義を受ける前から覚えていた内容は何％程度ありましたか？　　　　　　　　　　　　　　　　　　　　　　　□　％程度
④ 今日の講義内容の興味度はどの程度でしたか？
　1. 全く興味がない　　2. 興味がない　　3. どちらともいえない
　4. 興味がある　　5. 大変興味がある　　　　　　　□　(1.～5.)
⑤ 今日の講義中に寝ましたか？寝た場合、何分程度寝ましたか？
　1. 寝てない　　2. 寝た　　　　　　　　　　　　□　(1.or 2.)
　　　　　　　　(2.の場合のみ⇒)　　　　　　　　□　分程度寝た
⑥ 今日の講義において、教室内の様々な環境が原因で講義内容の理解度に影響を及ぼした頻度や影響を、ロスしたと思われる時間に換算してお答え下さい。
　　　　　　　　　　　　　　　　　　　　　　　□　分程度
⑦ 講義内容の理解度の妨げとなっている主な障害は何ですか？
　1～8の中から大きい順に3つ数値で記載して下さい。
　他に障害となっている要因があればその他の欄に記述下さい。
　要因：1. 光環境　　2. 温熱環境　　3. 音環境　　4. 空気環境　　5. 空間環境
　　　　6. 人間関係　　7. 授業内容　　8. モチベーション
　　　　　　1位　□　　　2位　□　　　3位　□
　その他(　　　　　　　　　　　　　　　　　　　) (自由記述)
⑧ 今日の講義内容の理解度を100％として、室内環境の要因が改善すれば、講義内容の理解度はどの程度向上すると考えられますか？　□　％程度向上すると思う
　　　　　　　　　　　　　　(変化がない場合は0％と記載下さい)

以上で質問を終わります。ご協力ありがとうございました。

大きく異なることが指摘されている。

今回の現地調査で使用したアンケート調査票の質問項目は、表2.4に示したように、(社)空気調和・衛生工学会に設置されたプロダクティビティ研究小委員会、ならびに(社)日本建築学会に設置されたプロダクティビティ小委員会で包括的に議論された知的生産性の標準測定法(案)をベースに作成したものである。

3. 講義の進行と実測手順

現地調査は通常の講義進行スケジュールに沿って実施する。図3.1に1回分の講義進行と実測の手順を示す。講義開始時刻は毎週午前9:00であり、180分間の講義が設定されている。正午12:00過ぎに講義が終了し、引き続いて30分の確認テストを行う。その後、主観評価のための申告票(アンケート調査票)の記入を行うという手順となっている。180分の講義中、5分程度の休憩が3回ある。映像コンテンツを使用した講義形態のため、完全に時間コントロールされた状況で講義ならびに現地調査が進行する。

4. 統計処理

調査により得られたサンプルデータは統計処理を行うことで、その有効性や数値の意味を検討する。

客観的な学習効率評価および主観的な学習効率評価の環境間比較には、等分散を有意水準5%で仮定できるものに関しては対応のあるt検

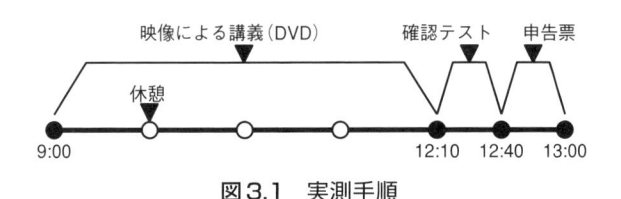

図3.1 実測手順

定を行っている。等分散を有意水準5％で仮定できない学習効率の調査結果や順位尺度による申告結果の環境条件間比較には、対応のある順位尺度の検定としてWilcoxonの符号付順位和検定を実施する。

学習効率の現地調査結果

Case 1
空気環境（換気量）を変化させた場合

［調査目的と方法］

　ここで紹介する現地調査は、教室の環境が変化した場合に、どのように学習効率が変化するのかを定量的に把握することを目的としている。本節では、教室環境の制御要素として特に換気量に着目する。
　これは教室に供給する新鮮外気量を変化させることに相当するが、実際の教室環境を対象としているため、厳密に外気導入量のみを調整し他の環境要素が変化しないように制御することは困難である。外気量に代表される空気環境を主要な操作要因としているが、付随的に室温に代表される熱環境も変化している。これが実測対象とする教室環境の実態である。

1. 対象教室
　ここでは、教室環境と学習効率に関する研究事例として、2005年3月から6月にかけて日建学院で実施した調査結果を紹介する。実測の対象教室の概要と物理環境要素の測定ポイントを図3.2に示す。教室の天井

には温度制御を目的とした定風量式空調機、いわゆるビルマルチが設置されており、実測期間中は常に運転した状態としている。3月は暖房モード、4月以降は冷房モードとしている。

対象建物では、新鮮外気をフロア端部に設置された外気取入用の開口部から各フロア内に導入する方式を採用している。授業が実施される教室には、廊下を介して入口ドアのアンダーカット部分から新鮮外気が供給されることとなる。教室内には換気扇が設置されており、換気扇を運転することで各教室内が負圧となり、廊下より外気が流入する。すなわち、教室に導入する新鮮外気量は、教室内に設置された換気扇の運転の有無により制御されることになる。

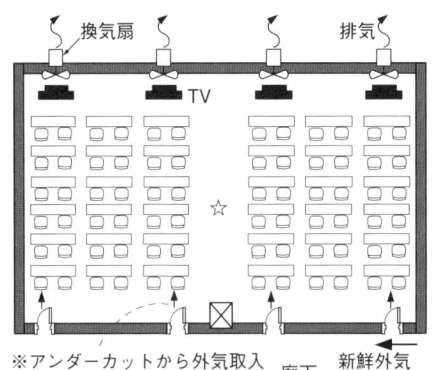

室面積：141.7m²
（10.7×13.3m）
天井高さ：2.4m
ドアのアンダーカット：
0.2×0.6[m]（4ヶ所）
※外気取入れ口の機能
換気扇用開口：0.4×0.4[m]
（4ヶ所）

☆：物理量の測定ポイント

図3.2　現地調査の対象空間の概要ならびに測定ポイント

2. 換気量の条件

今回の現地調査では意図的に室内環境条件を変化させる。特に教室内に供給される外気導入量の大小に着目して条件設定を行ったため、ここでは換気量(大)の条件、換気量(小)の条件と呼ぶこととする。設定した教室内環境条件を表3.3に示す。換気量(小)の条件は、教室内に設置された換気扇を常時OFFとし、換気量(大)の条件は換気扇を常時ONとしている。

3. 講義内容

現地調査では一級建築士の資格試験講座を対象とする。講義内容は、建築法規から意匠、環境、構造等、広範な一級建築士の試験範囲すべての内容をカバーするものであるが、ここでは建築構造分野に代表される論理系科目と、建築計画、建築施工分野に代表される暗記系科目に大別して調査対象とする。

換気量の大小で設定した室内環境条件と講義内容で分類した科目条件より、全体で6ケースの組み合わせを設定している。

表3.3 現地調査の条件

実測日	換気量	講義科目		PMV(室温)	被験者数
3/20(日)	大(3.5回/h)	論理系科目	構造①	−0.19(24.2℃)	41(人)
3/27(日)	小(0.4回/h)		構造②	0.75(27.1℃)	41(人)
4/3(日)	小(0.4回/h)	暗記系科目Ⅰ	計画①	0.04(25.2℃)	50(人)
4/10(日)	大(3.5回/h)		施工①	0.82(27.3℃)	50(人)
5/15(日)	大(3.5回/h)	暗記系科目Ⅱ	計画②	−0.10(24.5℃)	57(人)
6/12(日)	小(0.4回/h)		計画③	0.80(28.1℃)	57(人)

4. 物理環境の測定

(1) 換気回数

室内に充満させたトレーサーガスの濃度減衰を連続測定するステップダウン法により換気回数を測定した結果[42]、換気量(大)に条件設定したケースにおける外気導入量は約1200m^3/h、換気回数に換算すると3.5回/h程度となった。また、換気量(小)に条件設定したケースにおける外気導入量は約140m^3/hとなり、換気回数では0.4回/h程度となった。換気量の測定結果を図3.3に示す。図中には受講者の在籍人数を用いて算出した一人当たりの換気量[m^3/h/人]に換算して示している。

今回の条件設定では、換気量(大)に条件設定した場合でも一人当たりの換気量は20m^3/h/人程度であり、一般的な事務所ビルと比較しても特別に換気量が多い条件ではない。ケース名として換気量(大)と称しているが、これは換気量(小)の条件設定と比較して、相対的に換気量が多いという意味で使用している。さらに大量の換気を実施した場合の検討は、実大スケールの環境実験室を使用した被験者実験にて行っており、その詳細は第4章で紹介する。

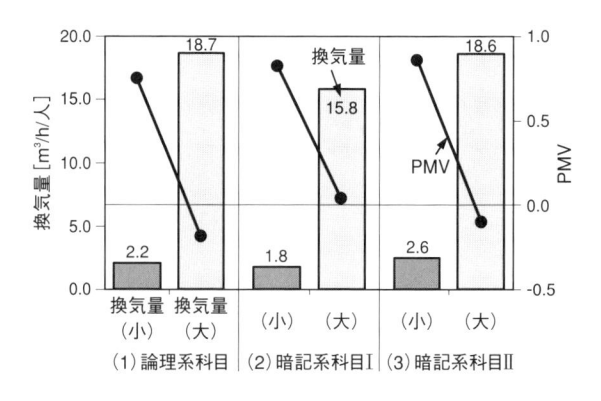

図3.3 一人当たりの換気量ならびにPMV

(2) 粉塵濃度・化学物質濃度・真菌胞子濃度

換気量を変化させた場合でも、粉塵濃度は0.014 mg/m³程度で変化しない。室内の化学物質濃度も厚生労働省の室内濃度指針値を超える物質はないことを確認しており、真菌胞子濃度を含め、空気質レベルは通常のオフィス環境と比較しても十分に良好な結果となっている。

(3) 二酸化炭素濃度

実測調査中に、マルチガスモニター(光音響法)を用いて二酸化炭素濃度の連続測定を行っている。二酸化炭素濃度は換気量(大)の条件設定で990(±80) ppmとなり、講義時間を通じてほぼ1000 ppmの濃度レベルで一定となった。換気量(小)の条件設定では講義開始時の初期濃度700 ppmから人体起因の二酸化炭素発生により徐々に室内濃度が上昇し、講義終了時刻には最大で5000 ppmを超える結果となった。このケースでは、講義時間中の平均値濃度は2800(±1400) ppmとなり、在室者の多い教室で強制換気を実施しない場合の室内空気質の悪化が懸念される調査結果となった。

(4) 温熱要素PMV

二酸化炭素の他、空気温度、風速、相対湿度、放射温度も連続測定

室内空気質と各種濃度単位

室内の空気の質を室内空気質IAQ (Indoor Air Quality)という。室内環境全体の質はIEQ (Indoor Environmental Quality)と呼ぶ。

一口に室内空気といって様々な要素がある。空気に窒素が78%程度、酸素が21%程度含まれることはよく知られた事実であるが、その他、水蒸気、二酸化炭素、各種の揮発性有機化合物VOCs (Volatile Organic Compounds)や粒子、エアロゾル等、多様な物質より構成される。窒素や酸素は空気組成上、大きな割合を占めるため百分率[%]でその割合を示すことが多い。

空気中での二酸化炭素濃度は、0.03%程度とされているが、これは百万分率を用いて300 ppmと表現することもできる。気中のVOC濃度等は体積濃度比を百万分率を用いてppm (parts per millionの略)、十億分率を用いてppb (parts per billionの略)といった単位で表現するとともに、空気の単位体積当たりの質量としてmg/m³やμg/m³として表されることも多い。

している。表3.3ならびに図3.3にPMV算出結果を示す。

PMV（Predicted Mean Vote, 予測温冷感申告）とは、人体の熱負荷と人間の温冷感を結び付けた温熱環境評価指数であり、室温，平均放射温度，相対湿度，平均風速の四つの物理的要素と二つの人間側の要素である在室者の着衣量と作業量の全6要素より計算する。PMVは0を熱的中立として、－3（寒い）から＋3（暑い）の7段階の評価尺度で人間の熱的快適感を表現するもので、ISOの標準[43]では、PMVが±0.5以内、不快者率10%以下となるような温熱環境を快適域として推奨している。

ここでは、環境4要素の実測データに加え、代謝量を1.0 metと仮定し、着衣量は毎回、その教室内で一般的な着衣量を複数選出して平均着衣量を算出することでPMVを推定している。その結果、換気量（小）の条件でPMVが0.8程度、換気量（大）の条件でPMVが－0.1程度となった。換気量（小）ではISOの熱的な快適推奨域をやや外れる結果となった。実測対象とした教室の空調システムが定風量吹出方式のため、換気量(外気導入量)の変化により付随的に温熱環境も変化し、結果として換気量（大）・（小）で温熱環境は異なっている。

(5) 照度・騒音

在室者なしの条件で行った机上面照度は817 lx、映像講義がない状態における暗騒音の等価騒音レベルは46.9dBであり、教室環境としてストレスの少ない環境であることを確認している。

5. 被験者

現地調査の対象となる被験者は一級建築士講座の受講生であり、受講者のほぼ全員が毎年7月に実施される一級建築士の資格試験を受験する。そのため、講座受講に対する動機付け、いわゆる勉学に対するモチベーションは非常に高いといえる。言い替えれば、調査対象となる受講者は高いレベルでやる気が統一されている条件となっており、調査対象の学習意欲の有無が学習効率の測定結果に与える影響は相対的に小さ

く、本研究の目的に照らして極めて優れた被験者群といえる。

　特にやる気やモチベーションに代表される学習意欲が学習効率に与える影響に関しては、第6章で詳細に分析した結果を紹介する。

　調査期間を通じて1室当たりの被験者数は50人から60人程度で、20代から40代の社会人が中心である。受講生は提供されるカリキュラムにしたがってすべての講義を履修するため、各調査ケースでの被験者群は概ね同一となっている。

　本調査では、被験者となる受講生に対し、学習効率の調査を実施することや室内の環境条件を調整していることを告知していない。このような調査方法をブラインドテストといい、先入観による影響を排除することを目的とする。

　また、人間にはサーカディアンリズムと呼ばれる曜日、時間帯、さらには個人に特有の体調に依存する生体リズムが存在する。そのため、本現地調査においても、被験者となる一般受講生のサーカディアンリズムに配慮し、同一曜日・時間帯に行われる講義を対象として調査を実施している。

［調査結果］

　学習効率の評価結果を紹介する。最初の測定例として、確認テストの点数を用いた客観的な学習効率の評価結果を図3.4に示す。

1.　客観的な学習効率の評価結果

―換気量（大）で5〜9％改善―

　建築構造分野に代表される論理系科目では、換気量（小）の条件から換気量（大）の条件に環境条件が変化したことで、確認テストの点数が有意に4.7点向上する結果となった。換気量（小）の条件の点数を基準とし

て学習効率の向上率を百分率換算すると換気量(大)の条件に環境が変化することで学習効率が5.4%向上することに相当する。

　暗記系科目Ⅰ(建築計画並びに施工分野)では、換気量(小)の条件から換気量(大)の条件に室内環境条件が変化することで確認テストの点数が有意に6.4点向上する結果となった。同様に学習効率の向上率を百分率換算すると8.7%の向上に相当する。暗記系科目Ⅱ(建築計画分野)では、換気量(小)から換気量(大)の条件に環境変化することで、有意に4.6点向上する結果となり、学習効率の向上率の百分率換算は5.8%向上という結果となる。繰り返すが、今回の条件では換気量とともに室温も付随的に変動している。

　今回の調査では確認テストの点数を客観的な学習効率の指標とみなし、室内環境が変化した場合の学習効率に与える影響を評価した結果、「室内環境(主として換気量に着目)は学習効率に統計的有意差をもって影響を与える」ことが確認され、その程度は5%から9%程度という結果となった。

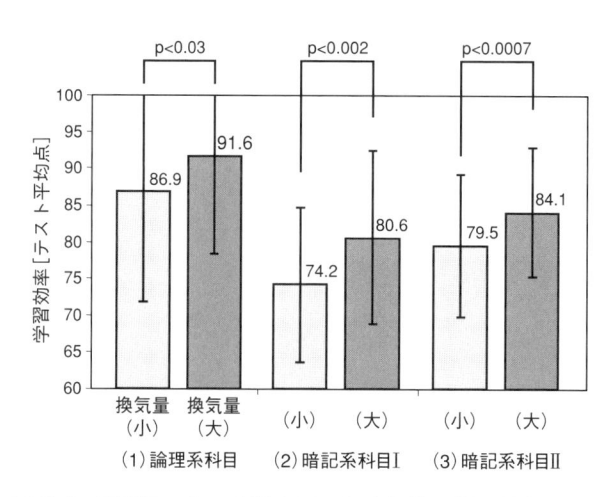

図3.4　確認テストの点数を用いた客観的な学習効率の調査結果

2. 主観的な学習効率の評価結果

アンケート調査票を用いた、主観的な学習効率の調査結果を紹介する。

● 室内環境が原因でロスしたと思う時間
—換気量（大）で2～4％改善—

アンケート調査票には環境満足度や学習効率評価に関する質問が設定されているが、最初に主観的な学習効率評価項目である「室内環境が原因でロスしたと思う時間」の調査結果を図3.5（1）に示す。

論理系科目を対象とした場合、換気量（小）の条件から換気量（大）の条件に室内環境条件を変化させたことで、受講者が主観的に「室内環境が原因でロスしたと思う時間」が有意に6.8分減少する結果となった。つまり学習効率の観点から無駄な時間ロスが減ったことを意味する。

ここで、室内環境の変化による学習効率の変化を百分率換算で表現するため、講義有効時間を定義する。講義有効時間とは、今回の現地調査の講義時間である180分から受講生が申告した「ロスしたと思う時間」を差し引いた実質的時間である。

換気量（小）の条件の講義有効時間を基準として時間換算した学習効

(1) ロスしたと思う時間　　　　(2) 学習効率予想向上率

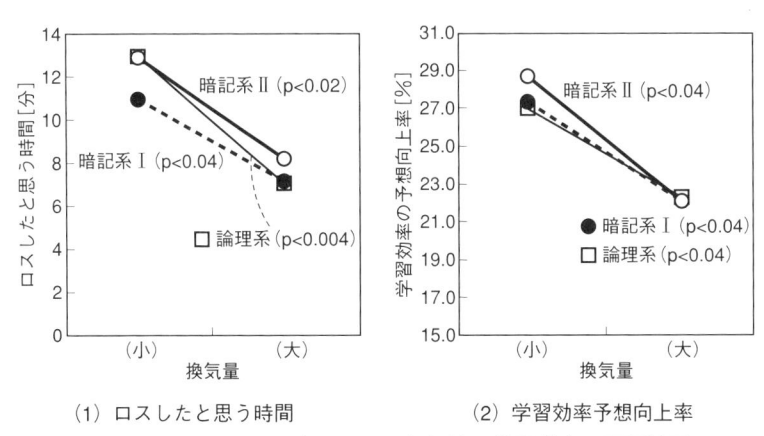

図3.5　アンケート調査票による主観的な学習効率の評価結果

率の向上率を百分率換算で表現した場合、論理系科目では4.0%の向上となった。暗記系科目Ⅰでは、換気量（小）の条件から換気量（大）の条件に環境条件が変化したことにより、ロスしたと思う時間が有意に3.8分減少する結果となった。時間換算した学習効率の向上率をさらに百分率換算すると、2.2%の向上に相当する。

暗記系科目Ⅱでは換気量（小）の条件から換気量（大）の条件に環境条件が変化したことにより、ロスしたと思う時間が有意に4.7分減少する結果となり、この場合は2.8%の向上に相当する。

● 環境改善による学習効率の予想向上率
―換気量（大）で4～7%改善―

図3.5(2)には「環境改善による学習効率の予想向上率」に関する受講生の申告結果を示す。この設問は「室内環境の要因が改善すれば、授業理解のし易さはどの程度向上すると考えられますか？」との問いに「□%向上すると思う」と申告させたものであり、値が大きいほど、環境改善の余地が大きいことを示す。

論理系科目において換気量（小）の条件から換気量（大）の条件に環境条件を変化させたことにより、授業理解すなわち学習効率の予想向上率が有意に4.6%低下する結果となった。これは、換気量（大）の環境条件では、これ以上の学習効率の伸び幅が少ないことを意味しており、現状の条件で相対的に学習効率の高い環境であることとなる。すなわち、換気量を（小）の条件から（大）の条件に環境改善することにより、学習効率が4.6%向上したと判断することができる。

同様に、暗記系科目Ⅰでは換気量（小）の条件から換気量（大）の条件に環境条件を変化させたことにより、予想向上率が有意に5.3%低下する結果となり、学習効率に換算した場合、5.3%向上することに相当する。暗記系科目Ⅱでは換気量（小）の条件から換気量（大）の条件に変化したことで、予想向上率が有意に6.6%低下、学習効率が6.6%向上する結果

となった。

● 空気環境・温熱環境に関する不満足者率
―換気量（大）で2〜25％改善―

アンケート調査により得られた室内の空気環境ならびに温熱環境に関する不満足者率に関する調査結果を表3.4に示す。

空気環境の不満足者率は換気量（小）の条件から換気量（大）の条件に変化することで、十分な統計的有意差はないものの、論理系科目では2.4％増加し、暗記系科目Ⅰ・Ⅱではそれぞれ10.1％、2.0％減少する結果となった。今回の実測条件では、換気量を大きく変化させても不満足者率には大きな変化が見られない結果となった。

温熱環境の不満足者率に着目すると、換気量（小）の条件から換気量（大）の条件に変化させた場合、論理系科目ならびに暗記系科目Ⅱでそれぞれ有意に20.4％、24.8％不満足者率が減少するとともに、暗記系科目Ⅰでも有意差はないものの不満足者率が11.6％減少する結果となった。

表3.4 空気環境ならびに温熱環境に関する不満足者率

環境要因	空気環境の不満者率(%)		温熱環境の不満者率(%)	
	換気量（小）	換気量（大）	換気量（小）	換気量（大）
論理系科目	7.9	11.3	50.0	29.6
	p<0.301, n.s.		p<0.003	
暗記系科目Ⅰ	18.1	8.0	44.6	33.0
	p<0.078, n.s.		p<0.171, n.s.	
暗記系科目Ⅱ	11.3	9.3	59.7	34.9
	p<0.064, n.s.		p<0.0005	

※ p<0.05（5％有意水準）にて統計的有意と判断。有意差無しを n.s.(no significant difference)と表示。

3. 客観評価と主観評価の整合性の検討

ここからは、確認テストを用いた客観的な学習効率評価とアンケート調査票による主観的な学習効率評価の整合性を検討する。

論理系科目ならびに暗記系科目の両者について、換気量（小）の条件から換気量（大）の条件に環境が変化した場合の学習効率の向上率を図3.6に示す。客観評価である確認テストに着目した場合の向上率を棒グラフで、アンケート申告票による主観評価の結果（「室内環境が原因でロスしたと思う時間」と「環境改善による学習効率の予想向上率」）を折れ線グラフで示している。

今回の測定では、テストの点数を用いた客観評価の結果と比較して、主観評価による結果が学習効率の環境影響を相対的に過小評価する傾向となっている。環境因子が学習効率に与える影響に関しては、個々人の主観的な認識レベルよりも試験の点数に対する環境影響が大きい可能性があることが示唆される結果となっている。特に今回の現地調査を行った日建学院における一級建築士の受験対策講座の受講生は、受講に対するモチベーションが非常に高く統一されていることも主観評価結果の変動が小さく押さえられた原因の一つと考えられる。

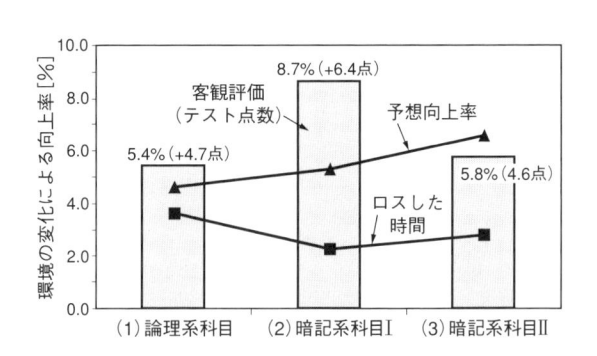

図3.6 客観評価と主観評価の対応関係
（換気量（小）から（大）にした場合の学習効率の向上率%）

4. 成績上位群と成績下位群の評価結果

被験者群を成績上位群と成績下位群の2群に分けて、室内の空気環境や温熱環境が学習効率に及ぼす影響を分析する。ここでは、換気量（小）の条件下での確認テスト点数を用いて、平均点以上を成績上位群、平均点以下を下位群に分類している。

● 客観的な学習効率

図3.7に統一確認テストをもとにした、客観的な学習効率の成績群別評価結果を示す。論理系科目ならびに暗記系科目の両者ともに、成績上位群では換気量（小）の条件から換気量（大）の条件に室内環境条件を変化させても確認テストの点数に大きな変化は見られない。しかし、成績下位群を対象とした場合、換気量（小）の条件から換気量（大）の条件に環境条件を変化させることで、論理系科目では確認テストの点数が有意に11.2点、百分率に換算して17.9％向上する結果となった。

同様に、暗記系科目Ⅰでも成績下位群において、テストの点数が有意に13.7点、百分率換算で19.8％の学習効率向上が認められる結果となった。暗記系科目Ⅱにおいてもその傾向は同様であった。

以上の結果より、論理系科目、暗記系科目を問わず、成績上位群では

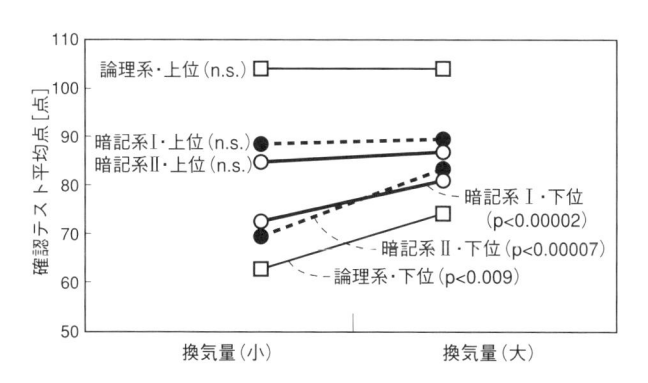

図3.7　客観的な学習効率（テスト平均点）の成績群別結果

室内環境条件が変化した場合でも学習効率に有意差は認められず、環境影響を受けにくい結果となった。それに対し、成績下位群では換気量(小)の条件から換気量(大)に室内環境条件が変化することで学習効率が有意に向上する結果となった。今回の現地調査では、成績下位群ほど室内環境の影響を受けやすい、という結果となった。

● 主観的な学習効率

アンケート調査票を用いた、主観評価の結果を成績群別に分析する。表3.5には「室内環境が原因でロスした時間」の評価結果を成績群別に分類した結果を示す。論理系科目に着目した場合、成績上位群では換気量(小)の条件から換気量(大)の条件に環境条件を変化させることでロスしたと思う時間が有意に6.9分減少する結果となった。

同様に、成績下位群において換気量(小)から換気量(大)の条件に環境改善することで有意に6.9分減少する結果となった。暗記系科目Ⅰでは成績上位群、下位群ともに環境間に有意差は認められなかったが、暗記系科目Ⅱでは、成績上位群における環境条件間での有意差はなく、成

表3.5 「ロスしたと思う時間(分)」の成績群別結果

	成績上位群		成績下位群	
換気量	小	大	小	大
論理系科目	11.7(±10.0)	4.8(±6.6)	13.1(±12.0)	6.2(±7.6)
	$p<0.05$		$p<0.04$	
暗記系科目Ⅰ	12.0(±12.7)	9.0(±8.1)	10.0(±11.1)	5.3(±6.4)
	n.s.		n.s.	
暗記系科目Ⅱ	15.0(±9.9)	11.7(±11.3)	10.9(±9.5)	4.9(±5.0)
	n.s.		$p<0.007$	

績下位群では換気量(小)から換気量(大)の条件に環境条件が変化することで有意に6.0分減少する結果となった。

● 環境改善による学習効率の予想向上率

表3.6に環境改善による学習効率の予想向上率に着目した場合の成績群別の検討結果を示す。論理系科目ならびに暗記系科目Ⅰでは成績上位群、下位群ともに換気量の大小に着目した環境条件間に有意差は認められなかった。

暗記系科目Ⅱにおいても成績上位群では有意差は認められなかったものの、成績下位群では換気量(小)から換気量(大)の条件に環境が変化することで、学習効率の予想向上率が有意に8.2%向上する結果となった。

成績上位ならびに成績下位の二つグループに分類して検討を行った結果、アンケート調査票を用いた主観評価では客観評価と比較して、明確な傾向が認められにくい結果となった。

表3.6 「予想向上率(%)」の成績群別結果

換気量	成績上位群		成績下位群	
	小	大	小	大
論理系科目	28.3(±27.2)	23.8(±23.1)	25.9(±24.6)	21.2(±18.3)
	n.s.		n.s.	
暗記系科目Ⅰ	28.3(±20.1)	22.7(±20.6)	24.9(±20.4)	18.5(±11.4)
	n.s.		n.s.	
暗記系科目Ⅱ	22.8(±17.0)	17.7(±10.4)	34.6(±25.3)	26.4(±21.5)
	n.s.		$p<0.04$	

5. 相関分析結果
―空気質の不満足者率を10％削減すると学習効率が9.1％向上―

上述の現地調査で得られた結果より、独立変数を不満足者率や環境要因、従属変数を学習効率として相関分析を行った結果を紹介する。

暗記系科目における空気質の不満足者率と確認テスト平均点の相関分析結果を図3.8に示す。空気質の不満足者率と確認テストの点数の間には線形近似(直線関係)により$R^2=0.79$の相関が認められる結果となった。空気質の不満足者率をx、確認テストの点数をyとした場合、近似直線は

$$y = -0.823x + 89.21 \qquad (3.1)式$$

の関係が得られた。

図3.9に暗記系科目を対象とした場合の一人当たりの換気量と確認テスト平均点の相関分析結果を示す。両者の間には対数近似により$R^2=0.74$の相関が認められた。さらにエンタルピーと確認テスト平均点の相関分析結果を図3.10に示す。エンタルピーとは、0℃の乾き空気と0℃の水を基準として計った湿り空気の保有する熱量を示す示量性状態量の一つである。ここでは、対数近似により$R^2=0.59$の相関が認められた。また図は割愛するが、相対湿度と学習効率の間にも対数近似により$R^2=0.61$の相関関係が認められている。

対象教室内の化学物質濃度や粒子濃度は室内ガイドライン濃度よりも十分に低く、人間の知覚域以下の濃度だったことから、空気質の不満足要因に相対湿度やエンタルピーといった温熱環境形成に関連する要素が大きく関与している可能性がある。

既往研究で指摘されているとおり、本研究においても空気質に対する不満足者率と学習効率の相関は線形近似、換気量や温度、湿度といった物理環境要因と学習効率の相関は対数近似でよく近似できる結果となった[11],[44]-[46]。

今回の調査結果より得られた近似式を適用した場合、図3.8に示すように空気質の不満足者率を10％削減すると学習効率が9.1％向上する結

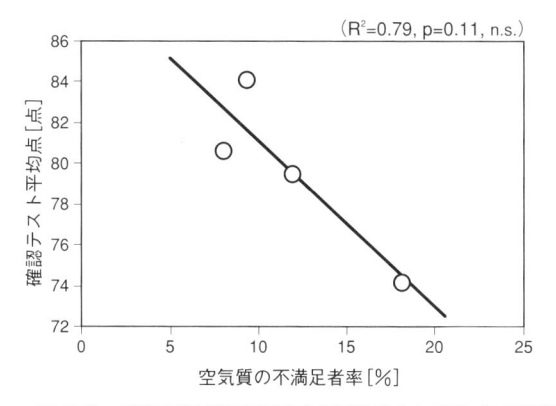

図3.8　空気質不満足者率と確認テスト平均点の関係

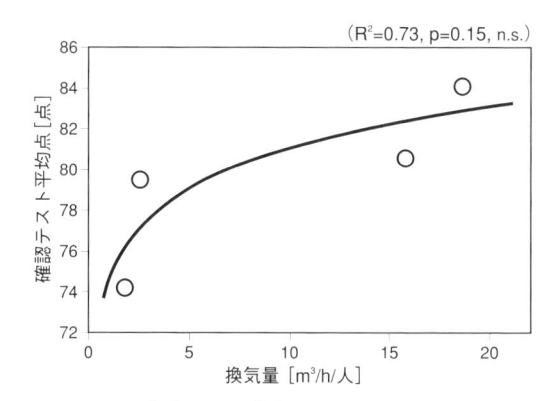

図3.9　一人当たりの換気量と確認テスト平均点の関係

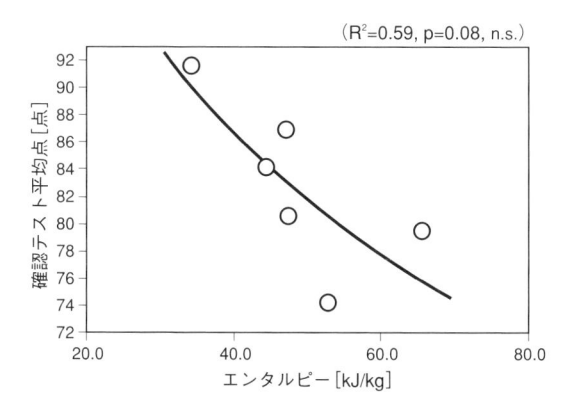

図3.10　エンタルピーと確認テスト平均点の関係

果となる。

　また一人当たりの換気量を1.80 m³/hから18.6m³/hへ増加させた場合、確認テスト平均点が74.2点から84.1点に向上したことから、今回の現地調査では、一人当たりの換気量を約10倍にすると学習効率が13％向上する結果になったと表現することもできる。

Case 2
温熱環境のみを変化させた場合

　前節までに紹介した結果は空気環境を主な制御対象としたが、結果的に温熱環境も付随して変化してきた現地調査である。そのため、学習効率の変化に対し、温熱環境と空気環境のどちらが支配的な要因となっているか、厳密な判断は難しい。そこで、換気量は一定の条件のもとで、温熱環境（PMVに着目）のみを変化させて環境条件を作り出して現地調査を実施した結果について紹介する。

［調査目的と方法］

1. 対象教室および被験者
　温熱環境のみの影響に関する現地調査は2006年2月から4月にかけて、前節と同じ一級建築士の資格試験対策予備校で実施したものである。2005年とは教室の使用方法の変更があったため、測定対象空間は図3.11に示すようなレイアウトとなっている。被験者数は70〜90人、20代から40代の社会人が中心であることに変化はない。

2. 環境設定条件

今回の検討では、環境条件として表3.7に示す5ケースを設定した。PMV（−0.8→＋0.4）の条件は、温熱環境を時間内で変化させる条件としている。この条件は室温変動に対して空調の噴出し設定温度等を連成した制御を行わずに一定温度の空気を供給する方式で、人体発熱に起因して時間経過とともに徐々にPMVが涼しい側（−0.8）から暖かい側（＋0.4）に変化していく環境条件である。その他、PMVが0.0程度で熱的中立条件（再現性を含めて2回設定）、やや暖かい側の条件設定であるPMV＋

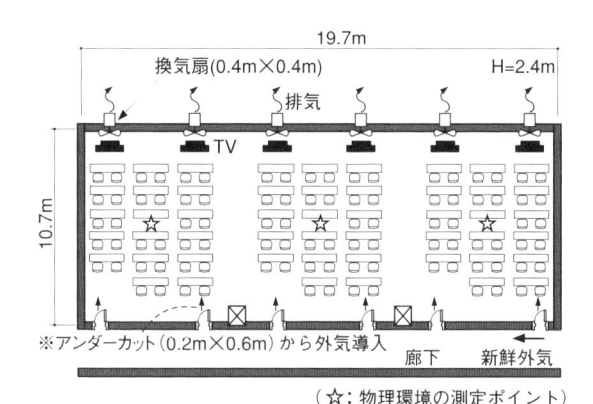

図3.11 現地調査の対象空間ならびに測定ポイント

表3.7 現地調査の条件

実測日	ケース名	環境条件	科目	被験者
2/19(日)	PMV (−0.8→＋0.4)	涼しい側から徐々に暖かくなる	施工①	90(人)
2/26(日)	PMV (0.0)	熱的中立	施工②	86(人)
4/9(日)	PMV (−0.1)	熱的中立	施工③	74(人)
5/7(日)	PMV (＋0.5)	暖かい	施工④	73(人)
5/14(日)	PMV (−0.5)	涼しい	計画④	70(人)

0.5、やや寒い側の設定条件であるPMV－0.5の4種のPMV条件を設定した。講義科目は施工、計画分野の二つの科目を設定している。換気量はすべてのケースにおいて同一量(一定条件約25m^3/h/人)に制御している。

その他、学習効率に関する評価方法等は先に紹介したとおりである。

3. 物理環境の測定

前節で紹介したとおり、空気温度、風速、相対湿度、放射温度の連続測定を行っており、意図したとおりの温熱環境条件を再現していることを確認している。

その他、すべてのケースで二酸化炭素濃度は1000ppm弱、粉じん濃度は0.02mg/m^{3}弱で一定となった。トレーサーガス減衰試験(無人時)により測定した換気回数は3.9回/h程度(平均的な一人当たりの換気量は約25m^3/h/人)、机上面照度は850 lx程度、等価騒音レベルは45dB程度であり、空気環境は一定条件で、温熱環境のみが変化する環境条件が形成されていることを確認している。

［調査結果］

1. 客観的な学習効率の評価結果

―暖かく感じると学習効率が低下する可能性―

各環境条件における学習効率(確認テストの点数)の比較結果を図3.12に示す。PMV(0.0)の環境条件を基本ケースとして比較した場合、PMV(－0.8→＋0.4)、PMV(－0.1)、PMV(＋0.5)、PMV(－0.5)の各条件へ変化させたことで、それぞれ9.1点、0.5点、8.7点、0.6点低下する結果となった。PMV(0.0)の環境条件の点数を基準として学習効率の低下率を百分率換算すると、それぞれ11.2％、0.6％、10.7％、0.7％の低下となる。

PMVが時間的に変動する条件(PMV(－0.8→＋0.4))ならびにPMVが暖かい側で一定である環境条件(PMV(＋0.5))は、他の環境条件よりテ

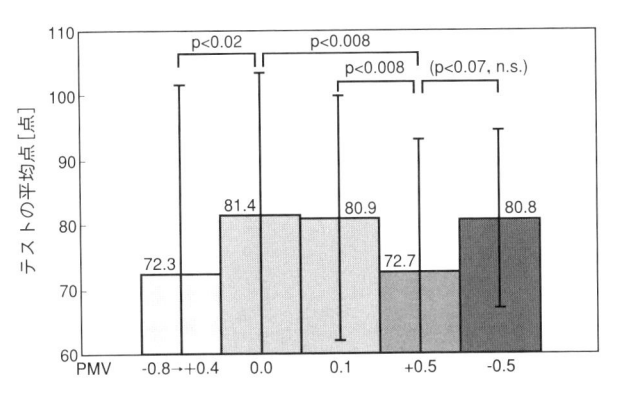

図3.12 学習効率の評価結果(テストの点数)

ストの点数が特に低くなる傾向が観察される。

ISO-7730で推奨されているPMVの熱的快適域[43]は−0.5〜+0.5である。今回の実測における設定条件は概ねこの範囲を満足するものであるが、この範囲内においても学習効率は変化する可能性を示唆する結果となった。特にPMVが+0.5付近(やや暖かいと感じる)での学習効率の低下が大きい可能性がある。

2. 主観的な学習効率の評価結果

アンケート調査票を用いた、主観的な学習効率の調査結果を紹介する。

●室内環境が原因でロスしたと思う時間

最初に「室内環境が原因でロスしたと思う時間」の申告結果を図3.13(1)に示す。PMV (0.0) の環境条件を基本ケースとして比較した場合、PMV (−0.8→+0.4)、PMV (−0.1))、PMV (+0.5)、PMV (−0.5)の各条件へ変化させたことで、それぞれ14.2分 ($p<0.02$)、0.8分、1.6分、3.6分増加する結果となった。

講義時間である180分から「ロスしたと思う時間」を差し引くことに

(1) ロスしたと思う時間

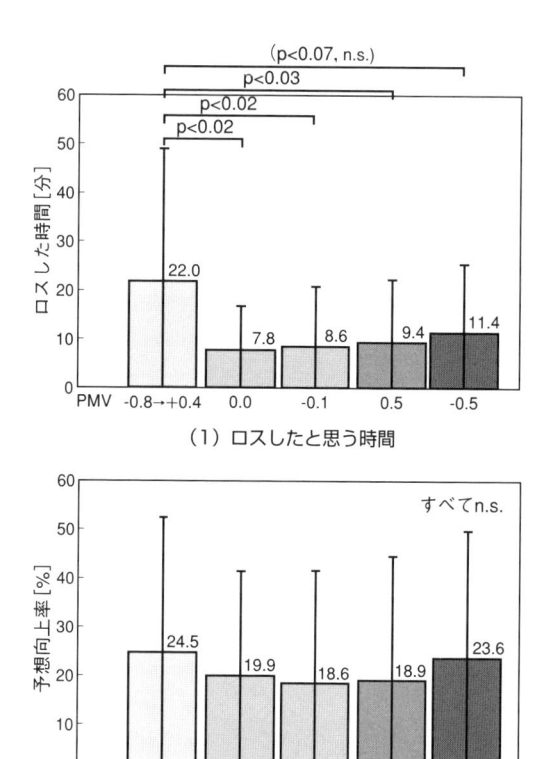

(2) 学習効率の予想向上率

図3.13 アンケート調査票による主観的な学習効率の評価結果

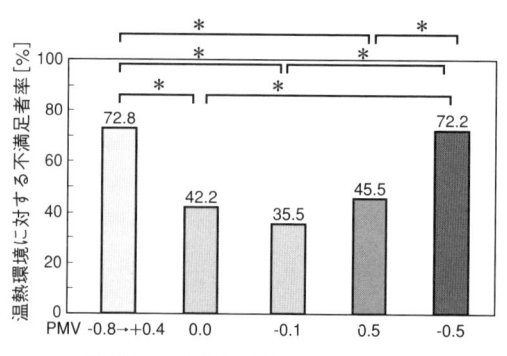

図3.14 温熱環境に関する不満足者率
（＊：p<0.001）

より定義した講義有効時間を用いて、学習効率の低下率を百分率換算すると、PMV（0.0）の環境条件を基本ケースとしてPMV（−0.8→＋0.4）、PMV（−0.1）、PMV（＋0.5）、PMV（−0.5）の各条件へ変化させた場合、それぞれ8.2％、0.46％、0.93％、2.1％の低下に相当する。

● 環境改善による学習効率の予想向上率

　図3.13（2）には「環境改善による学習効率の予想向上率」に関する受講生の申告結果を示す。PMV（0.0）の環境条件を基本ケースとして比較した場合、PMV（−0.8→＋0.4）、PMV（−0.1）、PMV（＋0.5）、PMV（−0.5）条件へ変化させたことで、それぞれ4.6％、−1.3％、−1.0％、3.7％増加する結果となった。つまり、それぞれの条件において学習効率が4.6％、−1.3％、−1.0％、3.7％低下したことになる。

● 温熱環境に関する不満足者率

　アンケート調査により得られた、室内の温熱環境に関する不満足者率に関する調査結果を図3.14に示す。PMV（0.0）の環境条件を基本ケースとして比較した場合、PMV（−0.8→＋0.4）、PMV（−0.1）、PMV（＋0.5）、PMV（−0.5）条件へ変化させたことで、それぞれ30.6％、−6.7％、3.3％、30％増加する結果となった。特に、PMV（−0.8→＋0.4）、PMV（−0.5）では温熱環境に対する不満足者率が有意に高い結果が得られた。

3. 成績上位群と成績下位群の評価結果

　被験者群を成績上位群と成績下位群の2群に分けて、室内の温熱環境が学習効率に及ぼす影響を分析する。ここでは、それぞれの条件において確認テストの点数を用いて、平均点以上を成績上位群、平均点以下を成績下位群に分類している。

　図3.15に統一確認テストをもとにした客観的な学習効率の成績群別評価結果を示す。成績上位群では、PMV（＋0.5）およびPMV（−0.5）の条

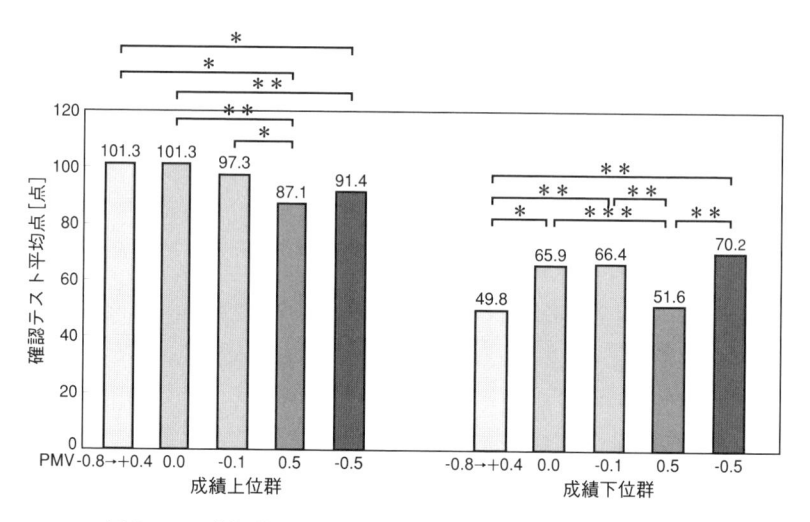

図3.15 客観的な学習効率(テスト平均点)の成績群別結果
（＊：p＜0.008、＊＊：p＜9.0×10⁻⁴、＊＊＊：p＜0.02）

件で他の条件より有意にテストの点数が低い結果となった。成績下位群では、PMV（−0.8→＋0.4）、PMV（＋0.5）の条件において他の条件より有意にテストの点数が低い結果となった。成績下位群では図3.12で示した結果と同様の傾向が観察されるが、成績上位群においては異なる傾向が観察される。

　上位群、下位群において、各条件のテストの点数の標準偏差を算出したところ、上位群で6.3点、下位群で9.4点となり、成績下位群においてよりバラツキの大きい結果が得られた。つまり、成績下位群の被験者において、より温熱環境の影響を受けやすいという可能性が考えられる。

4. 相関分析結果

―熱的中立よりやや涼しい状態（PMV−0.24）で学習効率が最大―

　上述の現地調査で得られた結果からPMVを独立変数、学習効率(テストの点数)を従属変数として相関分析を行った結果を図3.16に紹介する。

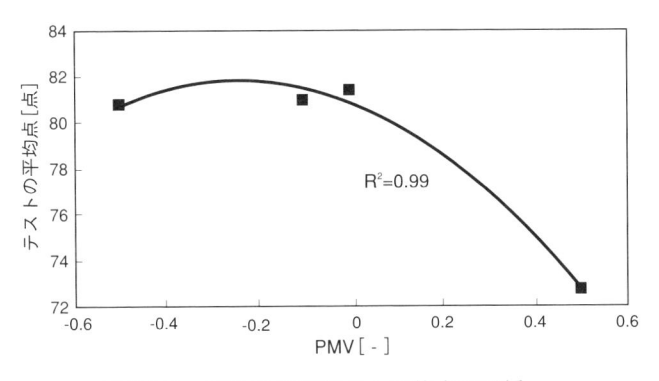

図3.16 PMVと確認テスト平均点の関係

 ここで、PMV（−0.8→＋0.4）の条件ではPMVが一定でないために、相関分析の結果からは排除している。
 PMVと確認テストの点数の間には多項式近似により$R^2＝0.99$の相関が認められる結果となった。PMVをx、テストの点数をyとした場合、近似式は

$$y＝−16.2x^2−8.0x+80.8 \qquad (3.2)式$$

の関係が得られた。その結果より、学習効率が最大となるPMV値は−0.24と算出される。今回の現地調査では熱的中立である状態よりもやや涼しい状態において、学習効率が最大となる結果が得られた。

まとめ

 本章では一級建築士の資格試験対策予備校を対象として実施した、学習効率と教室環境に関する現地調査の結果を紹介した。結果は以下のように要約される。
(1) 換気量（小）の条件から換気量（大）の条件に環境条件を変化させた

ことで、確認テスト平均点を用いた客観的な学習効率が5点から6点程度、学習効率に換算すると5％から9％程度向上する結果となった。今回の現地調査では換気量を指標にして環境条件を変化させているが、付随的に室温も変化しているため、学習効率向上は換気量の増加のみに起因するものではない。

いずれにせよ、空気の質や室温といった室内環境要素が、テストの点数に代表される学習効率に統計的有意差をもって影響を与えることが確認された。

(2) 換気量(小)の条件から換気量(大)の条件に環境条件を変化させたことで、アンケート調査票を用いた主観評価に基づく学習効率が2％から7％程度、有意に向上する結果となった。

(3) 学習効率の客観評価と主観評価はよく対応する関係にあるが、今回の現地調査例では客観評価と比較して、主観評価がやや環境影響を過小に評価する傾向となった。

(4) 成績群別に分析した結果、換気量(小)から換気量(大)の条件に環境条件を変化させた場合に、成績上位群では学習効率に有意な差は見られないのに対し、成績下位群では18％から20％程度有意に学習効率が向上する結果となった。今回の現地調査では、成績下位群が室内環境要素の影響を受けやすい結果となった。

(5) 空気質の不満足者率、換気量、エンタルピーや相対湿度と学習効率の間に一定の相関傾向が確認された。

(6) 換気量一定の条件で温熱環境(PMV)のみを変化させた調査を行った結果、熱的中立状態(PMVがゼロ)よりもやや涼しい環境において学習効率が最大となる結果となり、涼しい側(PMVが負)と比較して暖かい側(PMVが正)において学習効率の低下が大きくなる結果となった。

第4章

学習効率の実験室実験

第3章では、教室環境と学習効率の関係を実証的に解明するため、資格試験対策予備校において現地調査を行った結果を紹介した。現地調査の結果、換気量を中心とした教室内の環境条件を変化させることで、学習効率が5％から9％程度向上する結果が得られるとともに、アンケート調査票を用いた主観評価に基づく学習効率でも2％から7％程度、有意に向上する結果となった。また温熱環境に着目した場合、熱的中立状態よりやや涼しい環境において学習効率が最大となる結果となった。

　本章では、現地調査で調査対象とした教室環境条件とほぼ同一の教室空間を実験室内に再現し、同一の学習効率評価方法を用いて、教室環境条件の変化、特に換気量の大小が学習効率に及ぼす影響を定量的に検討した結果を紹介する。

　また、実際の教室における学習効率を実験室実験で再現可能か、あるいは実験室実験の結果ははどの程度実際の教室環境に適用可能か、という命題に対する検討結果も紹介する[14)、47)-56)]。

　一般に現地調査とは、その名のとおり実際の環境条件下における学習効率の評価を試みるものであり、受講に対する意欲といった被験者心理を再現するための配慮は必要ない。しかしながら被験者となる受講生に対し、調査内容や調査条件がブラインドとなるよう、すなわち余分な情報によるバイアスが生じないように配慮することが大切となる[4)、30)、31)]。

　当然の事ながら、実測に際して、本来実施されている講義や室内環境と大幅に異なるような条件を設定することはできない。とくに現地調査で室内環境条件を変化させる場合、最低限クレームの生じない程度の環境条件を確保する必要があり、環境条件の設定範囲には制約がある。

　一方、実験室での被験者実験は、（1）被験者としてアルバイトを対象とすること、（2）実験室の施設や装置を使用することで、現地調査において曖昧になりがちな環境条件や特殊な環境条件を厳密に設定・制御することが可能となり、（3）測定・評価項目や被験者の作業負荷の制限が

緩和される等の大きなメリットがある。

　すなわち、現地調査と実験室実験の二つの手法を併用して評価を行うことで、室内環境の質と学習効率の関係を多角的に考察することが可能となるのである。

実験室実験の概要

1. 実験室実験の目的

　第3章で紹介した現地調査を実施した資格試験対策予備校の教室環境、講義形態を厳密に再現するとともに、学習効率評価方法に関して同一の方法を採用した実験室実験の結果を紹介する。これは実験室での被験者実験法とも呼ばれる方法である。ここでは、現地調査との整合性を検討する目的で、換気量の大小や教室内の温湿度等、物理環境条件に関して現地を厳密に再現することで、温熱環境ならびに空気環境の質が学習効率に及ぼす影響を実験室実験で追試することが主なる目的の一つである。人為的に設定した実験環境のもとにおいても現地と同様の学習効率測定を行うことができるのか、との問いに答えるための測定でもある。

　現地調査では詳細な制御が困難な室内環境の質を、厳密に制御し新たな環境条件を設定することで、測定ケースが限定された現地調査の結果を拡充することも目的としている。

2. 実験室と環境調整

　実験室実験の様子を図4.1(1)に示す。実験室実験は2004年10月から11月にかけて、大成建設技術センターの空調システム実験室で実施している。室内の温熱環境や外気導入量を詳細に制御可能な恒温実験室のレイアウトを図4.1(2)に示す。空調方式は定風量の天井吹出、天井吸込型で

あり、吹出風量に含まれるリターンエアー(再循環させる室内空気)の割合を変えることで外気導入量を調節している。

実験室内の環境条件を表4.1に示す。被験者実験①ならびに被験者実験②では、現地調査と同様に温熱・空気環境の質が学習効率に与える影響に着目し、換気量を主なる操作要因とするが、付随的に変化する温度も現地調査に対応して変化させた教室環境を作り出す。現地調査と同様に操作要因として換気量に着目したことから便宜的に環境条件は換気量(大)、(小)と表現している。

講義にはDVDによる映像を用いる。これは現地調査の条件と全く同じ形式である。また確認テストも同一のものを使用する。これらの点は実験室実験と現地調査の整合性を検討する上で非常に有利な点である。

被験者実験③では、被験者実験①ならびに②と比較して相対的に換気量を増加させたケースを設定し、現地調査では再現が困難であった教室環境条件を設定条件としている。被験者の人員密度(0.46人/m^2)は現地調査の条件と同一である。

全被験者はA群ならびにB群に分け、環境設定順序の影響を相殺するよう、被験者群Aと被験者群Bで対になるように実験ケースを設定している。

講義として提供する科目は、すべて建築計画や施工等の暗記系科目を対象としている。特に被験者実験①ならびに②では現地調査の条件に合わせて、各々暗記系科目Ⅰ(建築計画、建築施工分野)と暗記系科目Ⅱを対応させている。なお、被験者実験③の科目として暗記系科目Ⅱを用いているが、現地調査と比較して相対的に換気量を多く設定してるためⅡ(＋)と表記している。また、被験者のサーカディアンリズムに配慮し、実験は同一曜日、同一時間帯に実施するよう配慮している。

3. 被験者

被験者は、建築系の大学生および大学院生を対象としている。被験者

実験①ならびに②では56名（男性34名、女性22名）、被験者実験③では39名（男性20名、女性19名）の被験者により実験を行った。対象とする学生はすべての被験者実験で同じ母集団（複数の同じ大学）から無作為に抽出している。

建築系の学科に所属する学生を対象とすることで、一級建築士受験を

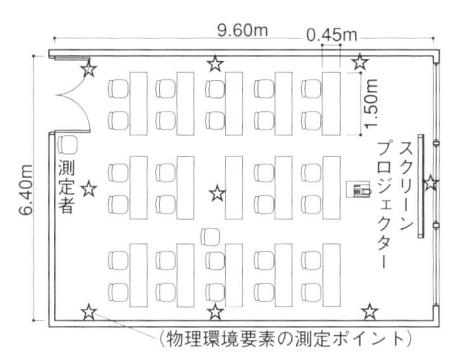

(1) 実験の様子　　　　　　　　　　(2) 実験室概要ならびに測定ポイント

図4.1　学習効率に関する実験室実験の概要（被験者実験①）

表4.1　実験室実験の環境設定条件

被験者実験①ならびに②：現地調査条件を再現した確認実験

被験者実験③：換気量を増加した設定とし、予測範囲の拡張を目的とした実験

講義科目		被験者群 A 月曜日に実施	被験者群 B 水曜日に実施
被験者実験① (暗記系科目Ⅰ)	計画①	換気量(小)	換気量(大)
	施工①	換気量(大)	換気量(小)
被験者実験② (暗記系科目Ⅱ)	計画②	換気量(大)	換気量(小)
	計画③	換気量(小)	換気量(大)
被験者実験③ (暗記系科目Ⅱ(＋))	計画②	換気量(小)	換気量(大＋)
	計画③	換気量(大＋)	換気量(小)

志す現地調査の被験者(一般受講生)の動機付け、モチベーションをある程度再現するよう配慮するとともに、被験者には十分な謝礼を支払うことで実験参加の意欲を維持させている。また、ブラインド試験を前提として、被験者には換気量変化を含め、室内の物理環境条件を変化させていることを告知していない。

学習効率の評価方法

1. 客観的な学習効率の評価方法(テスト)

　実験室での被験者実験においても、現地調査と同様に客観的な学習効率評価法と主観的な学習効率評価法の2種類の方法を採用する。客観的な学習効率の評価方法として、DVDによる映像講義の内容に対する理解度を問う統一確認テストを用いることとし、その確認テストの点数を客観的な学習効率とする。

　講義内容が異なった場合の確認テスト点数を相互比較するため、日建学院にストックされている全国平均点データを用いて、素点を統計処理することで難易度を調整し統一比較を可能としている。日建学院のデータは母集団が10000人以上と極めて多く、各確認テストの難易度を代表する平均点データとしては申し分ない。

2. 主観的な学習効率の評価方法(アンケート)

　主観的な学習効率の評価法として、現地調査で使用した自己申告票(アンケート調査票)を用いる。主観評価の申告票の一部を表4.2ならびに表4.3に示す。すべての質問項目を掲載した表は第3章を参照されたい。

表4.2　学習効率の主観評価に関する申告票の一部

5. 空気の汚れやにおいなどの空気環境について伺います。
① 室内の空気の汚れが気になりますか？
　　○気になる　　　○やや気になる　　○あまり気にならない
　　○気にならない　○感じられない
⑤ 上記のように感じているこの教室の空気環境は全体としていかがですか？
　　○不満　　○やや不満　　○どちらともいえない　　○やや満足　　○満足
⑥ 上記のように感じているこの教室の空気環境はあなたの授業理解のしやすさにどのような影響を与えていると思いますか？
　　○低下させている　　　○やや低下させている　　○影響しない
　　○やや高めてくれる　　○高めてくれる

表4.3　申告票の評価項目の概要と評価尺度 [(　)内]

2. 個人的要因	①体調(0～100)　②最後に食事を取ってからの時間(　　分)など
3. 光・視環境	①余計なものや動きの気になる程度(5)　②満足度(5)　③講義内容の理解度への影響(5)
4. 温熱環境	①温冷感(7)　②湿度感(7)　③気流感(5)　④放射熱の感覚(5)　⑤上下温度差(5)　⑥快適感(5)　⑦満足度(5)　⑧講義内容の理解度への影響(5)
5. 空気環境	①空気の汚れ(5)　②空気の淀み(5)　③におい(5)　④ほこりっぽさ(5)　⑤満足度(5)　⑥講義内容の理解度への影響(5)
6. 音環境	①満足度(5)　②講義内容の理解度への影響(5)
7. 空間環境	①満足度(5)　②講義内容の理解度への影響(5)
8. 受講状態等	①確認テストに対する既習率(0～100)　②講義内容の興味度(5)　③室内環境が原因で講義内容の理解に対してロスしたと思う時間(　　分)　④現状の室内環境が改善された場合の講義内容の理解度の予想向上率(　　％)など

3. 被験者のスクリーニング

　実験室での被験者実験では実験に参加する被験者の健康状態などが測定結果としての学習効率に大きな影響を与える可能性があり、いわゆる、外れ値となりうる被験者を事前にスクリーニング（予備選別）する必要性がある。そのため、被験者の学習効率に大きな影響を及ぼすと考えられる体調、興味度、既習率に関する質問項目を追加して設定している。

　体調に関しては「過去1年間で最も調子の良かった体調状態を100％として、現在の体調を相対値でお答え下さい」との質問に対し、☐％程度と回答させている。既習率に関しては「今日のテスト設問のうち、授業を受ける前から覚えていた内容は何％程度ありましたか？」との問いに対し、☐％程度と回答させる。興味度に関しては「今日の授業内容の興味度は、どの程度でしたか？」との問いに対し、（1. 全く興味がない　2. 興味がない　3. どちらともいえない　4. 興味がある　5. 大変興味がある）の5段階で申告させている。

　本章で紹介する実験室実験では、特に興味度の平均値が被験者実験①の暗記系科目Ⅰで3.1、被験者実験②の暗記系科目Ⅱで3.8、被験者実験③の暗記系科目Ⅱ（＋）で3.5となり、被験者実験①の暗記系科目Ⅰの興味度が有意に小さい結果となっているため、後述する分析の際に興味度の申告結果を考慮している。

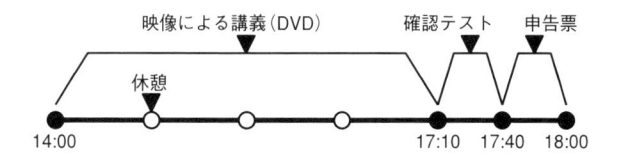

図4.2　実験室実験の手順

4. 実験室実験の手順

図4.2に1回の実験室実験のスケジュールを示す。実験室実験の時間進行は、日建学院における現地調査での講義進行スケジュールに準拠している。講義開始時刻は14：00からとし、180分間の講義後（17：10）、30分間の確認テスト、引き続いて自己申告票の記入を行う。180分の講義中、5分程度の休憩が3回設定されている。

なお講義開始前の13：30から14：00までの30分間を環境順化時間と位置づけ、被験者は教室内の静穏環境下にて着席状態で過ごしている。

学習効率の実験室実験結果

Case 1
換気量を変化させた場合

［調査目的と方法］

空気環境に関わる要素として換気量、粉塵濃度、二酸化炭素濃度の他、揮発性有機化合物VOCの濃度測定を実施している。また、実験室実験の実施中に教室内の9地点（図4.1(2)の☆位置）において空気温度、風速、相対湿度、放射温度を連続測定した。その他、音環境要素として等価騒音レベル、光環境要素として机上面照度の測定も行っている。

この実験条件は主に換気量を変化させているが、現地調査と同様に付随的に室温も変化する条件となっている。

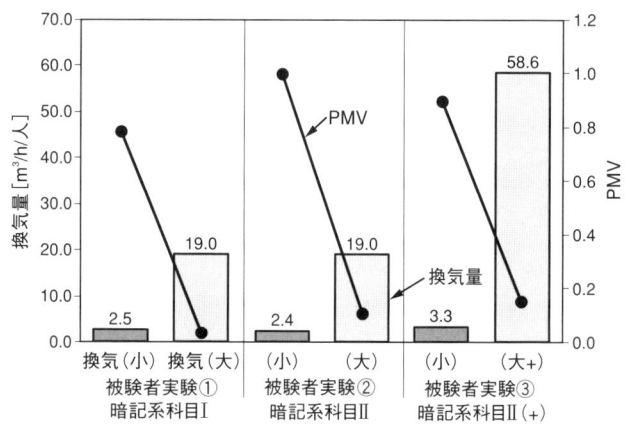

図4.3 一人当たりの換気量とPMV

1. 換気量・二酸化炭素濃度

空気環境要素に係わる設定条件を確認した結果、被験者実験①の換気量（大）のケースでは、外気導入量が458 m^3/h（＝換気回数2.7回/h）、換気量（小）のケースでは78m^3/h（＝換気回数0.5回/h）であった。被験者実験②における換気量（大）のケースでは外気導入量が539m^3/h（＝3.1回/h）、換気量（小）のケースは78 m^3/h（＝0.5回/h)となった。図4.3に一人当たりの換気量m^3/h/人に換算した測定結果を示す。

被験者実験①では、換気量のケースで19.0m^3/h/人、換気量（小）のケースで2.5m^3/h/人、被験者実験②では、換気量（大）のケースで19.0m^3/h/人、換気量（小）のケースで2.4m^3/h/人となった。現地調査における換気量測定結果と比較すると、被験者実験①の換気量（小）において若干換気量が多く設定された。その他では現地調査の条件がよく再現される結果となっている。

二酸化炭素濃度は被験者実験①の換気量（大）の条件で、平均値濃度が980（±23）ppmとなり1000ppm 弱で一定となった。換気量（小）では環境順化時間において人体起因の二酸化炭素発生により室内濃度が上昇し、初期濃度（講義開始時）が2500ppmとなり、その後も徐々に上昇し最

大で3500ppmを超える結果となった。平均値濃度（±標準偏差）は2940（±670)ppmである。

被験者実験②では、換気量（大）の条件において1000ppm弱で一定（930±20ppm）となった。換気量（小）では初期濃度2500ppmから徐々に室内濃度が上昇し、最大で3700ppmを超える結果となった。平均値濃度（±標準偏差）は2800（±280）ppmとなった。現地調査の二酸化炭素濃度の測定結果と平均値はよく対応している。

被験者実験③の換気量（大＋）のケースでは、外気導入量が1230m^3/h（＝7.2回/h）、換気量（小）のケースでは69 m^3/h（＝0.4回/h）となった。一人当たりの換気量は、換気量（大＋）のケースで58.6m^3/h/人、換気量（小）のケースで3.3m^3/h/人となった。二酸化炭素濃度測定結果は換気量（大＋）で785±15ppm。換気量（小）では初期濃度1500 ppmから徐々に増加し、最大で2800ppmを超える結果となり、平均で1700（±370）ppmとなった。

2. 粉塵濃度・化学物質濃度

換気量を変化させた場合でも、粉塵濃度は0.012mg/m^3程度で変化せず、また、被験者不在時に行った化学物質の室内空気濃度測定では、ホルムアルデヒド64μg/m^3以下、アセトアルデヒド26μg/m^3以下など厚生労働省の室内濃度指針値を超える物質はないことを確認している。

3. 温熱要素PMV

温熱環境に関しては現地調査の環境をほぼ再現できていることを確認している。室内温度、湿度、風速、平均放射温度の測定結果と着衣量の推定値をもとにPMVを算出した結果を図4.3に示す。

PMVは代謝量を1.0metと仮定し、被験者の着衣量は現地調査を再現し、0.7および0.5cloとして算出している。換気量（小）でPMVが1.0程度、換気量（大）でPMVが0.0程度となった。PMVの観点からも現地調査を十分

に再現できていることを確認した。

4. 照度・騒音

在室者なしの条件で行った机上面照度は611（±19.1）lx、また映像講義がない状態における暗騒音の等価騒音レベルは44.1 dBであった。現地調査と比較すると等価騒音レベルは同等であるが、机上面照度がやや低い条件であった。

［調査結果］

1. 客観的な学習効率の評価結果
―換気量（大）で8〜10％向上―

図4.4に統一確認テストをもとにした客観的な学習効率の評価結果を示す。ここでは、学習効率に大きな影響を及ぼすと考えられる、①体調（％）、②既習率（％）、③講義に対する興味度に関してスクリーニングを行い、信頼性の高い被験者データのみを採用した結果を紹介する。採用データ数は被験者実験①、②、③の順に39、39、31人である。

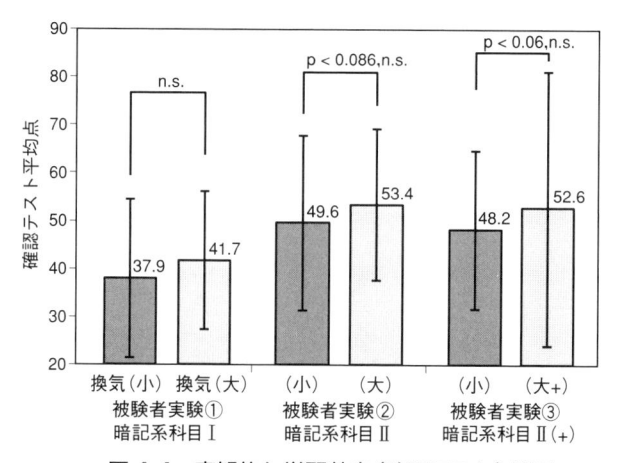

図4.4 客観的な学習効率（確認テスト）結果

被験者実験①(暗記系科目Ⅰ)では、換気量(小)の条件から換気量(大)の条件に環境条件を変化させることで、統計的有意差はないものの3.8点向上する結果になった。換気量(小)の条件のテストの点数を基準として学習効率の向上率を百分率換算すると10.0％程度の向上となる。

　被験者実験②(暗記系科目Ⅱ)では、換気量(小)の条件から換気量(大)の条件に環境が変化することで3.8点向上する結果となった。学習効率の向上率を百分率換算すると7.7％となる。

　被験者実験③(暗記系科目(Ⅱ)(＋))では、換気量(小)の条件から換気量(大)の条件に環境設定を変更することで、テストの点数が4.4点向上する結果となった。学習効率の向上率を百分率換算すると9.1％となる。また、被験者実験①(暗記系科目Ⅰ)が、被験者実験②(暗記系科目Ⅱ)ならびに被験者実験③(暗記系科目Ⅱ(＋))と比較して、テストの平均点が低い結果となった。

　各被験者実験における被験者の体調や採用した暗記系科目の既習率に有意な差がなかったが、被験者実験①の暗記系科目Ⅰ(施工①、計画①)の興味度が他と比較して有意に小さい結果となっており、講義内容に対する興味度は客観的な学習効率に影響を与える可能性が示唆される結果となっている。この点に関しては、第6章「学習意欲と教室環境」で詳細な分析を行った結果を紹介する。

2. 主観的な学習効率の評価結果

　ここからは自己申告票を用いた、主観的な学習効率の評価結果を紹介する。

● 室内環境が原因でロスしたと思う時間
―換気量(大)で10～28％改善―

　「室内環境が原因でロスしたと思う時間」の申告結果を図4.5(1)に示す。
　被験者実験①では、換気量(小)の条件から換気量(大)の条件に室内

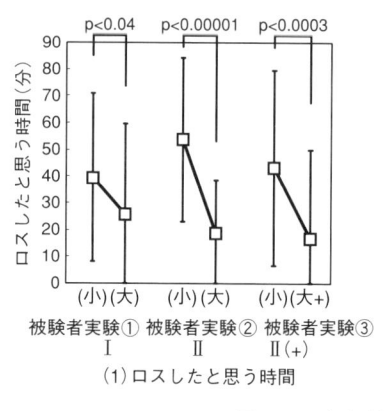

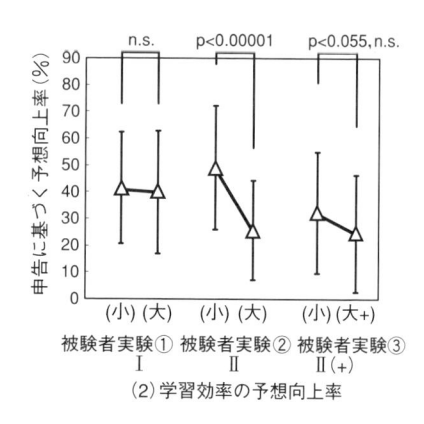

図4.5　主観的な学習効率の結果

　環境条件を変化させたことにより、「室内環境が原因でロスしたと思う時間」が有意に13.6分減少する結果となった。環境の変化による学習効率変化の百分率換算を行うため、第3章で定義した講義有効時間を用いる。

　被験者実験①では換気量(小)の条件における講義有効時間を基準として学習効率(時間換算)の向上率を百分率換算すると9.7%の向上となる。

　被験者実験②では換気量(小)の条件から換気量(大)の条件に環境条件が変化したことにより、ロスしたと思う時間が有意に34.8分減少する結果となった。学習効率(時間換算)の向上率を百分率換算すると、講義有効時間は27.5%の向上となる。

　被験者実験③では換気量(小)から換気量(大＋)に環境条件が変化したことにより、ロスしたと思う時間が有意に26.6分減少し、講義有効時間は19.4%の向上という結果となった。

● 環境改善による学習効率の予想向上率
―換気量(大)で2～24％改善―
　現状の室内環境を改善した場合の学習効率の予想向上率に関する主観評価結果を紹介する。申告結果を図4.5(2)に示す。

被験者実験①では、換気量（小）の条件から換気量（大）の条件に環境設定を変化させたことで、学習効率の予想向上率が1.6％低下する結果となった。言い替えれば、環境条件を改善することで学習効率が1.6％向上したと判断することができる。

　被験者実験②では、換気量（小）の条件から換気量（大）の条件に環境設定を変化させたことにより、予想向上率が有意に23.4％低下する結果となった。言い替えれば、学習効率が23.4％向上したことになる。

　同様に、被験者実験③では、換気量（小）から換気量（大＋）の条件に環境条件が変化したことにより、予想向上率が7.9％低下、すなわち学習効率が7.9％向上する結果となった。

● 空気環境・温熱環境に関する不満足者率
―換気量（大）で3〜68％改善―

　主観評価によって得られた空気環境ならびに温熱環境に関する不満足者率の評価結果を表4.4に示す。

　空気環境の不満足者率に着目した場合、換気量（小）の条件から換気量（大）の条件に環境条件を変化させることで被験者実験①では有意に

表4.4　空気環境ならびに温熱環境に関する不満足者率

環境要因	空気環境の不満者率 [％]		温熱環境の不満者率 [％]	
	換気量小	換気量大	換気量小	換気量大
被験者実験①	59.0	17.9	33.3	30.8
（暗記系科目Ⅰ）	$p<0.00001$		n.s.	
被験者実験②	59.0	21.1	87.2	28.9
（暗記系科目Ⅱ）	$p<0.00001$		$p<0.00001$	
被験者実験③	61.3	3.2	80.6	12.9
（暗記系科目Ⅱ（＋））	$p<0.00001$		$p<0.00001$	

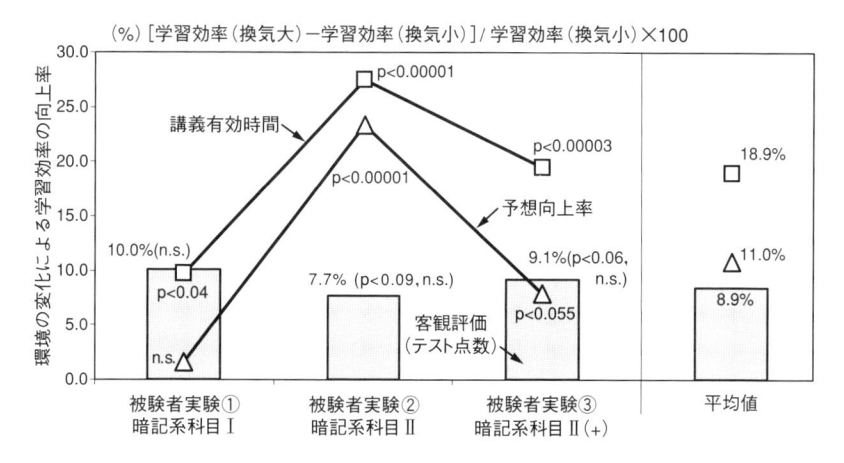

図4.6 客観評価と主観評価の対応関係(向上率％)

41.0％減少、被験者実験②では有意に37.9％減少するとともに、被験者実験③においても有意に58.1％減少する結果となった。

温熱環境の不満足者率に着目すると、換気量(小)の条件から換気量(大)の条件に環境条件を変更することで被験者実験①では2.6％減少、被験者実験②では有意に58.2％減少するとともに、被験者実験③においても有意に67.7％減少する結果となった。

3. 客観評価と主観評価の整合性の検討

被験者実験①、被験者実験②ならびに被験者実験③に関して、確認テストを用いた客観評価と申告票を用いた主観評価の両者より算出した学習効率の向上率($\%$)を図4.6に示す。

客観評価による学習効率向上率と主観評価による講義有効時間と予想向上率との差異は、平均値(±標準偏差)で＋6.0％(±10.1)程度となった。客観評価による学習効率向上率を基準とした場合、主観評価による「予想向上率」を用いた向上率評価が客観評価の結果とよく対応する結果となった。

4. 成績上位群と成績下位群の評価結果

第3章で検討したように、被験者群を成績上位群と成績下位群の2群に分け、温熱・空気環境が学習効率に及ぼす影響を分析する。ここでは各被験者実験（①、②、③）の換気量（小）の環境条件における確認テスト点数の中央値により2群に分類している。そのため、各ケースの二つの群中の受講者は必ずしも同一ではない。

(1) 客観的な学習効率

客観的な学習効率（確認テスト）の成績群別の結果を表4.5に示す。

被験者実験①では、成績上位群において換気量（小）の条件から換気量（大）の条件に環境条件を変化させた場合でも、テストの点数に有意差は認められない結果となったが、換気量（大）の条件でテストの平均点が低下するという予想と逆の結果を示している。成績下位群では環境条件を変化させることで有意に17.8点（68.2％）向上する結果となった。

被験者実験②においても、成績上位群ではテストの点数に有意差が認められない結果となったが、成績下位群では換気量（小）の条件から換気量（大）の条件に環境条件を変化させることで有意に12.0点(35.8％)向上する結果となった。

表4.5　客観的な学習効率(テスト平均点)の成績群別結果

	成績上位群		成績下位群	
換気量	小	大	小	大
被験者実験① 暗記系科目Ⅰ	49.1(±14.7)	39.7(±14.5)	26.0(±7.1)	43.8(±15.0)
	n.s.		p<0.00001	
被験者実験② 暗記系科目Ⅱ	65.0(±8.2)	61.0(±10.5)	33.4(±9.7)	45.4(±16.4)
	n.s.		p<0.02	
被験者実験③ 暗記系科目Ⅱ(+)	60.2(±9.1)	65.1(±8.5)	35.3(±7.7)	39.3(±14.1)
	n.s.		n.s.	

被験者実験③では成績上位群・下位群ともにテスト点数に有意差は認められなかった。

今回紹介した実験室における被験者実験では、成績下位群が環境の影響を受けやすい結果となった。

(2) 主観的な学習効率

主観評価による「室内環境が原因でロスしたと思う時間」の成績群別の検討結果を表4.6に示す。

表4.6 ロスしたと思う時間(分)の成績群別結果

	成績上位群		成績下位群	
換気量	小	大	小	大
被験者実験① 暗記系科目Ⅰ	34.0(±29.1)	27.0(±31.4)	45.3(±32.4)	24.7(±36.4)
	n.s.		p<0.05	
被験者実験② 暗記系科目Ⅱ	47.9(±32.8)	17.3(±17.9)	60.0(±26.3)	20.6(±22.1)
	p<0.003		p<0.0005	
被験者実験③ 暗記系科目Ⅱ(+)	43.4(±20.5)	18.4(±23.6)	43.0(±47.8)	14.7(±22.2)
	p<0.003		p<0.06, n.s.	

表4.7 予想向上率(%)の成績群別結果

	成績上位群		成績下位群	
換気量	小	大	小	大
被験者実験① 暗記系科目Ⅰ	40.8(±19.9)	37.0(±20.1)	39.4(±16.1)	45.3(±19.5)
	n.s.		n.s.	
被験者実験② 暗記系科目Ⅱ	47.3(±28.4)	24.0(±19.5)	51.7(±15.1)	28.1(±17.3)
	p<0.006		p<0.0005	
被験者実験③ 暗記系科目Ⅱ(+)	35.9(±23.9)	23.9(±23.0)	29.0(±21.2)	25.5(±20.9)
	p<0.03		n.s.	

被験者実験①では、成績上位群において換気量(小)の条件から換気量(大)の条件に環境設定条件を変更することでロスしたと思う時間が7.0分減少する結果となった。成績下位群では換気量(小)の条件から換気量(大)の条件に環境を改善することで有意に20.5分減少している。

被験者実験②でも、成績上位群で換気量(小)から換気量(大)の条件に環境変化することで有意に30.7分減少するとともに、成績下位群では換気量(小)から換気量(大)の条件に環境改善することで有意に39.4分減少する結果となった。

被験者実験③においても、成績上位群で有意に25.0分減少、成績下位群では有意に28.3分減少する結果となった。

(3) 環境改善による学習効率の予想向上率

表4.7には「環境改善による学習効率の予想向上率」の申告結果を成績群別に分類した結果を示す。

被験者実験①では、成績上位群、下位群ともに環境間に有意差は認められなかったものの、被験者実験②では成績上位群で換気量(小)の条件から換気量(大)の条件に環境変化することで有意に23.3%向上する結果となった。成績下位群では換気量(小)から換気量(大)に改善することで有意に23.6%向上している。

被験者実験③では、成績上位群において換気量(小)から換気量(大+)の条件に環境条件を変更することで有意に12.1%向上するが、成績下位群では環境条件間における有意差は認めらなかった。

5. 相関分析結果

これまでは科目別に検討結果を紹介してきたが、ここからはすべての科目の結果を統合し、独立変数を不満足者率や物理環境要因、従属変数を学習効率として相関分析を行った結果を紹介する。その際、被験者実験①(暗記系科目Ⅰ)の興味度が他と比較して有意に低いことに配慮し、興味度に関する補正として被験者実験①(暗記系科目Ⅰ)ならびに被験

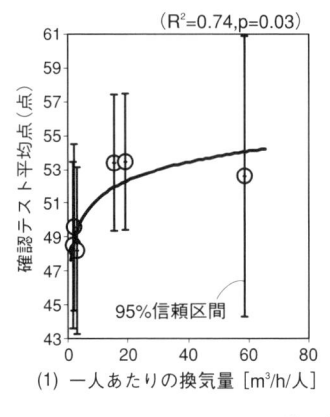

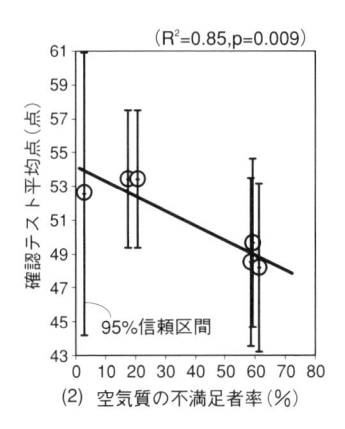

図4.7　学習効率に関する相関分析

者実験②（暗記系科目Ⅱ）の間で補正係数を算出し、点数補正を行っている。

ここでは、特に明確な相関傾向が得られた関係を紹介する。

―換気量を2倍するごとに学習効率が3.2％向上―

図4.7（1）に一人当たりの換気量と確認テスト平均点の、相関分析結果を示す。(4.1)式に示すように、対数近似により$R^2＝0.77$の相関関係

$$y = 2.18\,ln(x) + 47.14 \quad (4.1)式$$

が有意に認められる結果となる。

ここで、xは1人当たりの換気量、yは縦軸の確認テスト平均点である。また ln は自然対数（natural logarithm)を示す。この近似式を用いた場合、一人当たりの換気量を2倍するごとにテストの点数が1.5点、すなわち学習効率が3.2％向上すると算出できる。図は割愛するが、室内空気温度と確認テスト平均点の間にも対数近似により$R^2＝0.66$の相関関係が有意に認められている。この傾向は既往研究による報告結果と一致している。

―空気質の不満足者率を10%削減すると学習効率が1.6%向上―

空気質に関する不満足者率と確認テスト平均点の相関分析結果を図4.7(2)に示す。線形近似により$R^2=0.85$の相関関係

$$y=-0.088x+54.19 \qquad (4.2)式$$

が有意に認められる結果となった。

ここで、xは空気質に関する不満足者率、yは確認テスト平均点としている。この結果より、空気質の不満足者率を10%削減した場合に、確認テストの点数が0.9点向上するという結論が導かれる。

また、不満足者率が0%のときに学習効率が100%となるような相対的な学習効率を考えた場合、この相対的な学習効率と不満足者率には線形関係が確認され、近似式は

$$y=-0.16x+100 \qquad (4.3)式$$

となる。この場合、空気質の不満足者率を10%削減すると学習効率が1.6%向上するという結果が得られる。

6. 現地調査と実験室実験の整合性の検討

ここでは第3章で紹介した現地調査の結果と本章で示した実験室実験の結果を比較し、学習効率評価を行う際の整合性に関して検討する。

表4.8 現地ならびに実験室における不満足者率 [%]の比較

		空気環境の不満足者率		温熱環境の不満足者率	
		現地	実験室	現地	実験室
被験者実験① (暗記Ⅰに対応)	換気(小)	18.1	59.0	54.2	33.3
	換気(大)	8.0	17.9	38.7	30.8
被験者実験② (暗記Ⅱに対応)	換気(小)	11.3	59.0	54.2	87.2
	換気(大)	9.3	21.1	45.8	28.9
有意差検定		p<0.07, n.s.		n.s.	

表4.8に現地調査ならびに実験室実験の空気質に対する不満足者率の比較を示す。空気質の不満足者率は、現地調査と比較して実験室実験において十分な有意差はないものの、相対的に高い結果となっている。温熱環境に関する不満足者率は現地調査および実験室実験ともに高い値となっているが、有意な差は見られない。

　現地調査と実験室実験により得られた相関分析結果を用いて、それぞれの手法による学習効率評価結果の傾向を検討する。まったく同一の学

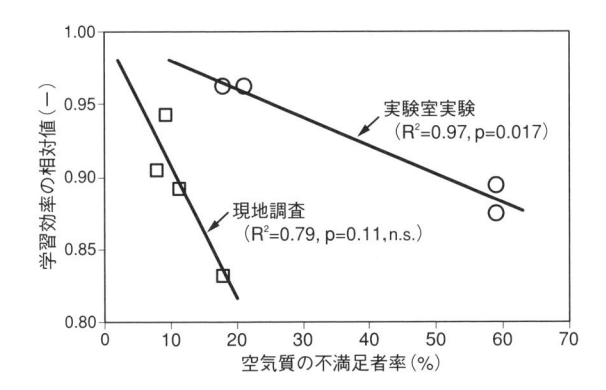

図4.8　不満足者率と相対学習効率の対応関係

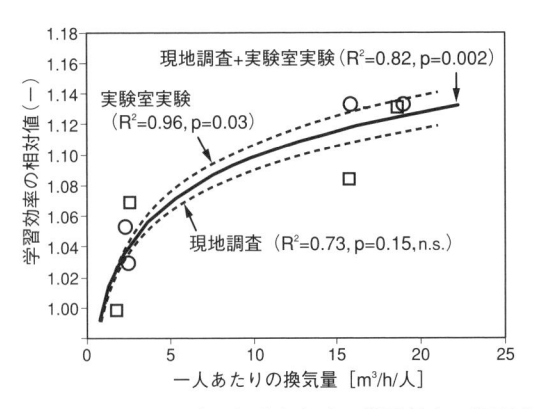

図4.9　現地調査ならびに実験室実験の学習効率の相関分析結果

習効率評価方法（DVDによる映像講義＋統一確認テスト）により現地調査と実験室実験の整合性を検討するために、実験室実験の結果は環境条件がほぼ同一の、被験者実験①（暗記系科目Ⅰ）と被験者実験②（暗記系科目Ⅱ）のみを対象とする。

対象科目のみに着目して相関分析を行った結果、空気質に関する不満足者率と学習効率の間に線形近似で$R^2＝0.97$の相関関係が有意に認められた（p＝0.02）。また換気量と学習効率の間に対数近似により$R^2＝0.96$の相関関係が有意に認められた（p＝0.03）。

図4.8に空気質の不満足者率と学習効率の関係に関して、現地調査ならびに実験室実験の結果を併せて示す。ともに不満足者率が0％の時に学習効率の相対値が1.00となるように設定した学習効率の相対値を示している。不満足者率の増加に対する学習効率の低下は、現地調査と比較して実験室実験において相対的に小さい結果となっている。

次に、一人当たりの換気量と学習効率の相関分析結果を図4.9に示す。図の縦軸の学習効率の値は、現地調査により得られた換気量と学習効率の近似曲線および実験室実験により得られた近似曲線から、一人当たりの換気量が$1.0\,m^3/h$の時の学習効率を基準として算出した学習効率の相対値である。

換気量の増加に対する学習効率の変化は、現地調査と実験室実験で大変よく整合する結果となった。ただし、現地調査の方が学習効率を2～3％低めに評価する傾向となった（n.s.）。現地調査の結果と実験室実験の結果を合わせた全測定データを用い、換気量と学習効率の関係式を推定すると、

$$y＝0.04\,ln(x)＋1.00 \qquad (4.4)\ 式$$

となる。ここでyが学習効率の相対値を示す。

今回得られた結果は、換気量と相対学習効率の関係は現地と実験室でほぼ同じ傾向を示し、不満足者率と学習効率の相対値の関係はやや差のある結果となった。

Case 2
温熱環境のみを変化させた場合

　第3章と同様に、温熱環境のみを変化させた場合（換気量の一定）の学習効率の評価結果について紹介する。

［調査目的と方法］

1. 環境設定条件
　環境条件は表4.8に示す3ケースを設定した。すなわちPMVが0（ゼロ）、+0.5、-0.5の3条件である。
　全被験者はAとBの2群に分け、実験経験回数ならびに環境暴露順序の影響を相殺するよう、被験者群Aと被験者群Bで対になるように実験ケースを設定している。
　その他、学習効率に関する評価方法等は先に紹介したとおりである。

2. 物理環境の測定
　前回までの被験者実験と同様に、空気温度、風速、相対湿度、放射温度の連続測定を行っている。今回の測定では、PMVで0を目指したケースにおいて若干涼しい側の条件（PMV=-0.12）となったが、その他の設

表4.8　実験室実験の環境設定条件

	被験者群A 28名（女性9名）	被験者群B 28名（女性11名）
第1週（計画①）	PMV（+0.5）	PMV（-0.5）
第2週（計画②）	PMV（-0.5）	PMV（+0.5）
第3週（計画③）	PMV（0）	PMV（0）

定条件は目標どおりに制御されたことを確認している。

換気量は27.7 m^3/h/人の条件で一定に制御しており、その結果、二酸化炭素濃度も約800 ppmで一定となっている。その他、机上面照度は611 lx、等価騒音レベル45.9 dBであった。

[調査結果]

1. 客観的な学習効率の評価結果

図4.10に、統一確認テストをもとにした客観的な学習効率の評価結果を示す。PMV (−0.1) の環境条件を基準としてテストの点数を比較したところ、PMV (+0.5)、PMV (−0.5) のいずれのケースにおいても7.8点低下する結果となった (n.s.)。PMV (−0.1) におけるテストの点数を基準とした時の学習効率低下率の百分率換算はいずれも14.0%の低下となった。参考までに、第3章で示した現地調査の結果も図4.10中に併せて示す。

2. 主観的な学習効率の評価結果

次に、自己申告票を用いた主観的な学習効率の評価結果を紹介する。

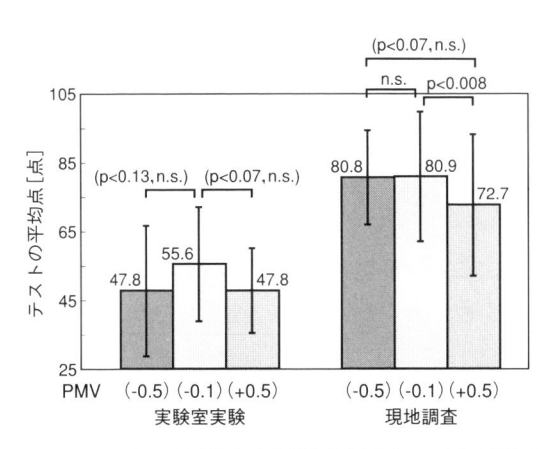

図4.10　客観的な学習効率(確認テスト)の結果

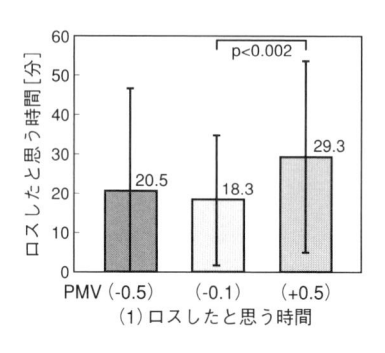

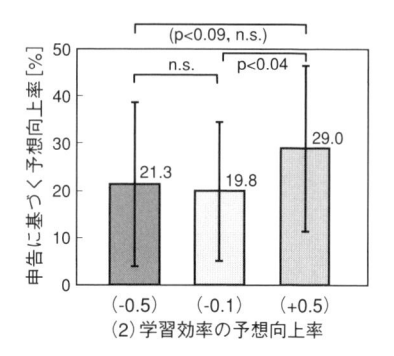

図4.11 主観的な学習効率の結果

(1) 室内環境が原因でロスしたと思う時間

図4.11(1)に「室内環境が原因でロスしたと思う時間」の申告結果を示す。PMV(−0.1)の環境条件を基準として比較したところ、PMV(−0.5)ではロスした時間が2.2分(n.s.)、一方PMV(+0.5)では有意に11分増加した。講義有効時間では、それぞれ1.4％、6.8％低下したことになる。

(2) 環境改善による学習効率の予想向上率

現状の室内環境を改善した場合の学習効率の予想向上率に関する主観評価結果を紹介する。申告結果を図4.11(2)に示す。

PMV(−0.1)の環境条件を基準として比較したところ、PMV(−0.5)では予想向上率が1.5％、PMV(+0.5)では有意に9.2％増加した。つまり温熱環境が熱的中立状態からやや涼しい側、もしくは、やや暖かい側へ変化することにより、学習効率がそれぞれ1.5％、9.2％低下する結果となっている。

(3) 温熱環境に関する不満足者率

主観評価によって得られた温熱環境に関する不満足者率の評価結果を図4.12に示す。

温熱環境に対する不満足者率はPMV(−0.1)の環境条件を基準にして比較したところ、PMV(−0.5)で21.7％、PMV(+0.5)で12.4％増加した。

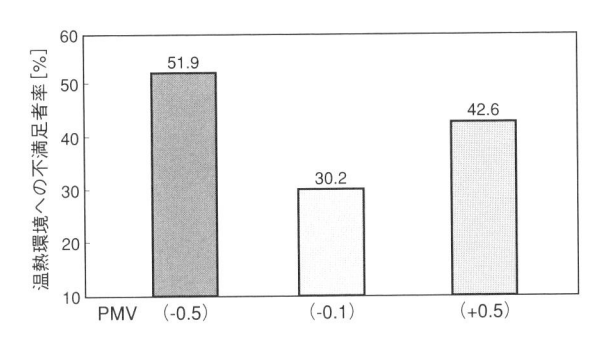

図4.12 温熱環境に関する不満足者率

3. 成績上位群と成績下位群の評価結果

被験者群を成績上位群と成績下位群の2群に分け、温熱環境が学習効率に及ぼす影響を分析する。熱的中立な状態でのテストの点数を用いて、平均点以上を成績上位群、平均点以下を成績下位群に分類した。

成績下位群では環境間で有意差は認められず、上位群で特にPMV(−0.1)から(+0.5)に変化させた場合で有意に学習効率が低下する結果となり、ここでは成績上位群において温熱環境の影響を受けやすい結果となった。

4. 相関分析結果 ―現地調査と実験室実験の比較検討―

温熱環境のみをパラメータとして環境条件の設定を行った現地調査結果と実験室実験結果の比較・検討を行う。ここでは温熱環境要素を室温に代表させて検討を行った結果を紹介する。

(1) 温熱環境のみを変化させた場合の「室温―温熱環境に対する不満足者率」

室温T[℃]と温熱環境に対する不満足者率PD(Percentage of Dissatisfied)[%]との関係を図4.13に示す。

現地調査のデータを対象とした場合、近似式は(4.5)式

$PD=12T^2-610T+7700$ 　　　(4.5) 式

実験室実験を対象とした場合(4.6)式、

$PD=9.3T^2-460T+5800$ 　　　(4.6) 式

となり、いずれも2次の多項式近似にて表現することができる。

近似式の傾向は、現地調査と実験室実験で大変よく似ている。室温が低い場合に、現地調査の感度がやや高い傾向を示す。

(2) 温熱環境のみを変化させた場合の「室温－学習効率」

室温T[℃]と学習効率(学習効率の相対値としてy[－]と定義)の関係を図4.14に併せて示す。学習効率はテストの点数(客観評価)である。

いずれの結果も2次の多項式近似により近似すると、現地調査では

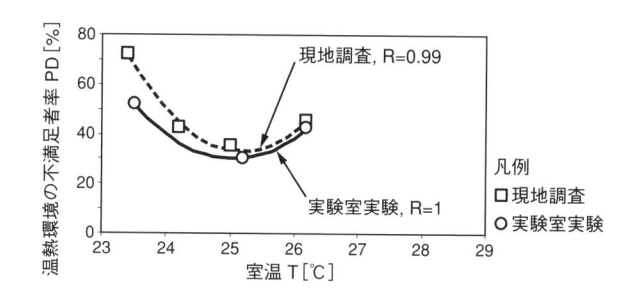

図4.13　室温と温熱環境に対する不満足者率の関係

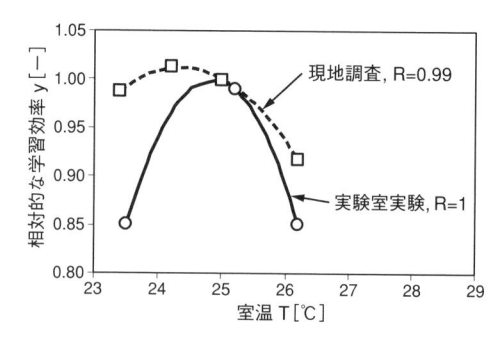

図4.14　室温と学習効率(客観評価)の関係

(4.7) 式
$$y=-0.0273T^2+1.3302T-15.178 \quad (4.7)式$$
実験室実験では (4.8) 式
$$y=-0.0817T^2+4.0594T-49.438 \quad (4.8)式$$
となる。

近似式は25℃の点数を基準として無次元化している。

実験室実験での学習効率は、基本的な傾向は同様であるが、現地調査に比べて室温の影響を強く受け25℃から離れるにつれ大きく低下する結果となった。現地調査と実験室実験とで、最大で15％程度の差異となる。特に室温が25℃より低い場合の低下率が大きい。

不満足者率と室温設定の関係（図4.13）からは実験室実験の方が高い学習効率が予想されるが、客観的な学習効率の評価は逆の傾向にある。原因の一つとして、現地調査の被験者は不満は感じているものの、学習意欲が高く維持されているため、学習効率の低下が抑制された可能性がある。

温熱環境とくに室温に着目した場合、現地調査と実験室実験の傾向は整合するが、実験室実験における学習効率の評価がやや感度が高い傾向を示す。現地と実験室の定量的な差異は、前述の換気量を変化させた検討では概ね2％から3％程度であったが、今回の室温を変化させた検討により得られた差異はやや大きい結果となった。

まとめ

本章では、現地調査の条件を再現する実験室実験の結果を紹介した。得られた知見をまとめると以下のようになる。

(1) 換気量(小)から換気量(大)の条件に教室環境を変化させたことで、確認テスト平均点を用いた客観的な学習効率が、3.8点から4.4点向上する結果となった。これは学習効率の向上率に換算すると8％から10％程度の学習効率向上となる。

(2) 換気量(小)から換気量(大)の条件に教室環境を変化させたことで、主観的な学習効率(「予想向上率」ならびに「ロスしたと思う時間」にもとづく「講義有効時間」)が最大で27％程度、有意に向上する結果が得られた。

(3) 学習効率の客観評価と主観評価はよく対応する関係にあるが、実験室実験では主観評価がやや過大評価する傾向となった。客観評価と主観評価の差異は概ね6％程度である。

(4) 成績別に2群に分けて学習効率を分析した結果、換気量(小)から換気量(大)の条件に教室環境を変化させた場合に、成績上位群では学習効率に有意な差は見られなかったが、成績下位群では35％から68％有意に向上する結果となった。実験室実験による検討では、成績下位群が環境の影響を受けやすい結果となった。

(5) 空気質の不満足者率、換気量、室内空気温度と客観的な学習効率の間には有意な相関関係が確認された。

(6) 温熱環境のみを変化させた場合、室温と学習効率の間には上に凸型の二次多項式により近似可能な関係が観察される。25℃付近に学習効率のピークが認められ、低温側、高温側の両者で学習効率が低下する結果となった。

(7) 現地調査と実験室実験の客観的な学習効率に関する整合性を検討した結果、両手法は概ね一致する結果が得られた。

第5章

教室環境と学習効率の全国調査

教室環境という限られた空間内にも学習効率の分布が存在する。

　視点を日本全体の大きなスケールに移した場合、学習効率に地域的な特性は存在するのであろうか。また年齢や性別といった属性も加えて幅広く検討した場合、学習効率に差はあるのだろうか。

　2007年度には43年ぶりに文部科学省の主導で、全国の小学生および中学生を対象とした統一学力テストが実施された。また大学受験を目指す学生を対象としたものでは1990年度から大学入試センター試験が実施されている（大学入試センター試験の前は共通一次試験と呼ばれる統一学力試験が実施されていた）。これらの学力試験は統一した試験問題が使用されている点で、相対的に学力や到達度を評価するための貴重な基礎データとなりうるものである。しかし、受験生の受験までの学習環境は個々人が置かれた環境に強く依存し、千差万別である。受験までの準備の内容や期間もさまざまで、受験者の学習条件も大きく異なるため、室内環境条件と学習効率との関係を評価するという目的に照らした場合、これらを基礎データとして利用することは困難である。

　日建学院では、映像講義を用いることで全国の教室に統一した講義と共通の確認テストを実施している。すなわち全国の各教室の温度や湿度、空気の質といった物理環境データを取得することで、広範囲に教室環境と学習効率との関係を検討することが可能となる。

　前章までは、資格試験対策予備校である日建学院における現地調査、実験室内に教室を再現して実施した実験室実験の結果を紹介した。ここでは、教室環境と学習効率に関する精度の高いデータを蓄積するために調査対象が注意深く選定、あるいは設定されている。

　本章では全国展開する日建学院の確認テストの詳細データを広範囲に分析し、室内環境と学習効率の関係を全国レベルで調査した結果を紹介する[57], [58]。これまで知的生産性研究の分野でこれほど大規模に調査が行われた例はなく、大変興味深いデータといえる。

全国調査の概要

　日本全国に展開する日建学院の校舎の中で83校を対象として調査を実施する。この全国調査も、確認テストの点数を用いた客観評価とアンケート調査票を用いた主観評価の二つの方法により、学習効率と教室環境の関係を探るものである。

　日建学院の83校すべての教室で室温、相対湿度、換気量等の物理環境要素を実測することは困難であるため、室内環境の良否はアンケート調査票を用いて主観的に評価することとした。
　第3章と第4章で紹介したとおり、客観評価と主観評価には一定の相関が認められており、全国調査によって得られた教室環境に関する主観評価結果と確認テストの点数を用いる客観評価を併用することで、全国に展開する各教室の学習効率の実態を明らかにする。さらに、現地調査や実験室実験で得られた結果を全国規模のデータと比較することで、教室環境と学習効率に関するデータの精度・拡張性を検討する。
　気候特性や季節による影響を検討する目的で、全国調査の実施時期を2006年2月19日（冬期）、4月2日（中間期）、6月11日（夏期）の3回に分けて行っている。調査内容は客観的な学習効率である確認テストの点数と、各環境要素に対する満足度および主観的な学習効率の評価を行うアンケート調査である。また、第6章で紹介する学習効率測定の際に最も影響を及ぼすと考えられる人間の心理としての「学習意欲」に関してもアンケートにより調査している。
　講義内容や講義の進行等は、第3章で紹介した現地調査の事例と全く同じで、全国一律である。被験者となる受講生も日建学院の一級建築士講座の受講生で、ほぼ全員が7月に実施される一級建築士の資格試験を受験するため、講座受講に対する動機付けはたいへん高い。実測期間を

通じて全被験者数は4000人程度であり、20代から40代の社会人が中心である。受講生は提供されるカリキュラムに従ってすべての講義を履修するため、各実測ケースでの被験者群はほぼ同一となっている。

学習効率の評価方法

1. 客観的な学習効率の評価方法（テスト）

　客観的な学習効率は講義の理解度を問う統一確認テストの点数により評価する。代表的な統一確認テストの内容は第3章の表3.1に記載している。講義内容は一級建築士試験対策で、確認テストは五者択一形式で全20問である。今回の調査では、解答速度は評価対象とせず、授業理解度（正答率）で評価している。授業理解度は集中力、講師の話を理解する力、暗記能力、テスト解答時の文章読解力、計算・論理的思考（論理系科目）等を含むもので総合的な学習効率を示すといえる。

2. 主観的な学習効率の評価方法（アンケート）

　自己申告票を用いた、主観的な学習効率評価の質問項目を表5.1に示す。主観的な学習効率は、申告票の項目4-①で「環境が原因でロスしたと思われる時間」、4-②で「環境改善にともなう予想向上率」の二つの質問項目で評価を行っている。申告は客観評価に用いた確認テストの回答方式であるマークシート方式を採用した。被験者となる受講生の負担軽減を目的として、第3章ならびに第4章で使用したアンケート調査票と比較して、質問項目数を削減している。詳細は第6章で紹介するが、アンケート調査票には学習意欲の評価項目も設定している。

表5.1 申告票

1. あなたご自身についてお答え下さい。
   ① 性別：(1) 男　(2) 女
   ② 年齢：(1) 10代　(2) 20代　(3) 30代　(4) 40代　(5) 50代　(6) 60代
2. 部屋の暖かさ、涼しさなど温熱環境について伺います。
   ① 体全体としていかがですか？
   (1) 寒い　(2) やや寒い　(3) 涼しい　(4) 適当　(5) 暖かい　(6) やや暑い　(7) 暑い
   ② 今日の温熱環境に満足していますか？
   (1) 不満　(2) やや不満　(3) どちらともいえない　(4) やや満足　(5) 満足
3. 空気の汚れやにおいなどの空気環境について伺います。
   ① 今日の空気環境に満足していますか？
   (1) 不満　(2) やや不満　(3) どちらともいえない　(4) やや満足　(5) 満足
4. 受講状態について伺います。
   ① 教室の室内環境には温熱環境、空気環境、採光や照明などの光環境、騒音等の音環境があります。今日の講義において、教室の室内環境が原因で講義内容の理解度に影響を及ぼした頻度や影響を、ロスしたと思われる時間に換算してお答え下さい。
   (1) 0分　(2) 3分　(3) 5分　(4) 10分　(5) 15分　(6) 20分　(7) 25分　(8) 30分　(9) 40分　(10) 50分以上
   ② 今日の講義内容の理解度を100%として、室内環境の要因が改善すれば、講義内容の理解度はどの程度向上すると考えられますか？
   (1) 0%　(2) 5%　(3) 10%　(4) 15%　(5) 20%　(6) 25%　(7) 30%　(8) 40%　(9) 50%　(10) 60%以上
5. 講義内容を吸収しようという意欲（学習意欲）について伺います。
   教室に入室後、講義に対する学習意欲（講義内容を吸収しようという意欲など）はいかがでしたか？今までの経験から最もやる気のある状態を100、最もやる気のない状態を0として0〜100でお答え下さい。
   (1) 0〜10　(2) 10〜20　(3) 20〜30　(4) 30〜40　(5) 40〜50　(6) 50〜60　(7) 60〜70　(8) 70〜80　(9) 80〜90　(10) 90〜100

全国調査の結果

1. 客観的な学習効率と環境満足度の関係

　図5.1(1)には客観的な学習効率(統一確認テスト)と不満足者率の相関分析結果を示す。空気質への不満足者率は表5.1の質問項目3.で、室内環境要素に対して不満、もしくは、やや不満と申告した人数の割合を校舎ごとに算出している。図中の結果は、校舎ごとの不満足者率を算出後、5％刻みで分類を行った後、その平均値を算出したものである。それゆえ、図中の大小の〇印で示すプロットの大きさはその点における校舎数を現している(図5.1(1)ではプロット中に校舎数も示されている)。

　空気質に対する不満足度と客観的な学習効率(テストの平均点)との相関分析を行った結果、強い相関関係ではないものの、空気質への不満足者率が増加すると、テストの平均点は低下する傾向が確認される。この傾向は第3章ならびに第4章で紹介した現地調査、実験室実験の結果と同様である。

2. 主観的な学習効率と環境満足度の関係

　主観的な学習効率評価と環境満足度に対する関係を検討する。図5.1(2)に「室内環境が原因でロスしたと思う時間」の申告結果と空気質に対する不満足者率の相関分析結果を示す。校舎数の内訳は客観的な学習効率に関する結果と同様である。両者には有意な線形の相関が得られ、空気質への不満はロスした時間に影響を及ぼすことが確認される結果となった。

　また、図5.1(3)に「環境改善による学習効率の予想向上率」の申告結果と空気質に対する不満足者率の相関分析結果を示す。こちらも両者の間に有意な線形関係が認められ、空気質への不満は予想向上率に影響を及ぼすという結果となった。この結果は、現地調査ならびに実験室実験の結果と整合する。

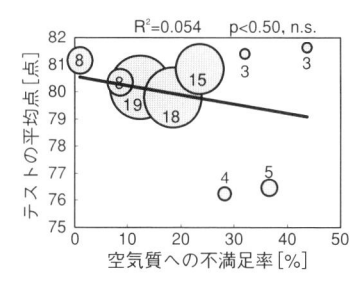

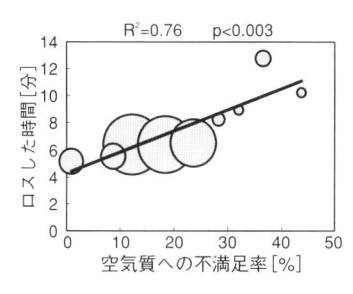

第5章 —— 教室環境と学習効率の全国調査

(1) テストの点数と不満足者率

(2) ロスしたと思う時間と不満足者率

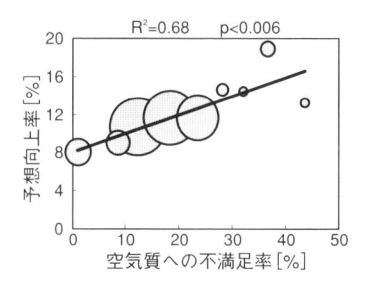

(3) 予想向上率と不満足者率

図5.1　各種の学習効率と空気質に対する不満足者率の関係

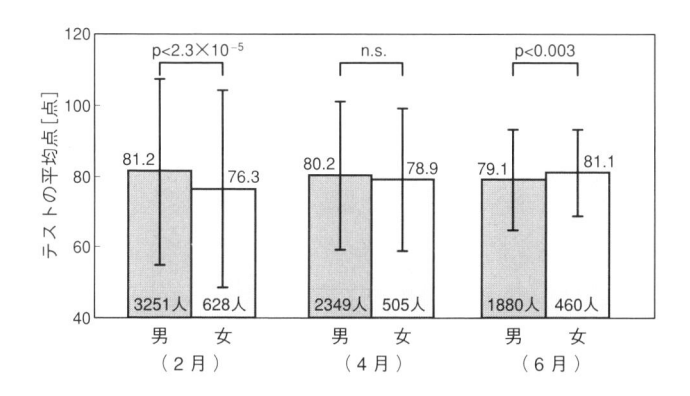

図5.2　男女別のテストの点数の評価結果

3. 性別と学習効率の関係

　全国調査の基礎データを用いることで、性別と学習効率の関係を検討する。図5.2に性別と学習効率の評価結果を示す。ここでは確認テストの点数を用いて客観的な学習効率と性別との関係を検討する。2月の測定時点では男性の方が有意に学習効率が4.9点高いが、4月の測定時では有意差なしで男性の方が1.3点高いという結果となり、6月では女性と比較して有意に2.0点低いという結果となった。

　一級建築士の試験が7月に実施されることを考えると、一つの推測として受験が近づくにつれ、女性の方がテストの点数で評価される学習効率が高くなる傾向があると推測することもできるが、断言できるほど明確な傾向ではない。

4. 年齢と学習効率の関係

　年齢と学習効率の関係を検討した結果を図5.3に示す。年齢は10歳区切りで大まかに評価している。年齢区分と確認テストを用いた客観的な学習効率の間には線形の相関関係が確認できる。

　この結果は、毎回の講義において0からの知識向上を評価するような客観指標を用いて検討した結果得られたものではなく、個々人の経験や知識といった既存のポテンシャルが一定の影響を与えた結果といえる。

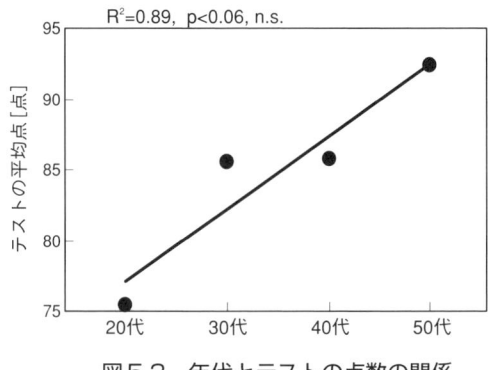

図5.3　年代とテストの点数の関係

言い替えれば、一級建築士のような高度な資格試験の場合、付け焼き刃的な学習による点数の向上のみでなく、経験や長期の努力に強く依存する基礎能力部分が相当量影響を与えることを示している。学習効率を評価する際に、単純に確認テストの素点による比較は難しい場合もあり、相対的な向上率を用いて評価することの重要性が示唆されているともいえる。

地域別の検討結果

次に地域別に学習効率の検討を行った結果を紹介する。今回の分析では、寒冷地として北海道・東北、中間地として関東、温暖地として九州を選定し、おおきく三つの地域に分類する。この分類で検討対象となる校舎数は各々13、25、11校である。

確認テストの点数を用いた客観的な学習効率と空気質に対する不満足者率の関係を地域別に図5.4に示す。

北海道・東北、関東ではテストの点数と空気質に対する不満足者率の間に相関関係は見られないが、九州において有意な相関が得られている。特に空気質に対する不満足者率と学習効率には弱い負の線形関係が見てとれる。テストの点数を地域別に見た場合、地域間に有意な差は確認されなかった。

今回の調査では各教室の物理環境要素の測定を実施しておらず、室内の温湿度や換気量、空調制御のオンオフの状況は十分に把握されていない。そのため明確な結論を導くことは困難であるが、全国調査においても客観的な学習効率ならびに主観的な学習効率と環境満足度には一定の関係性が確認された。しかし、地域間に特別な差異を見い出すことはできなかった。

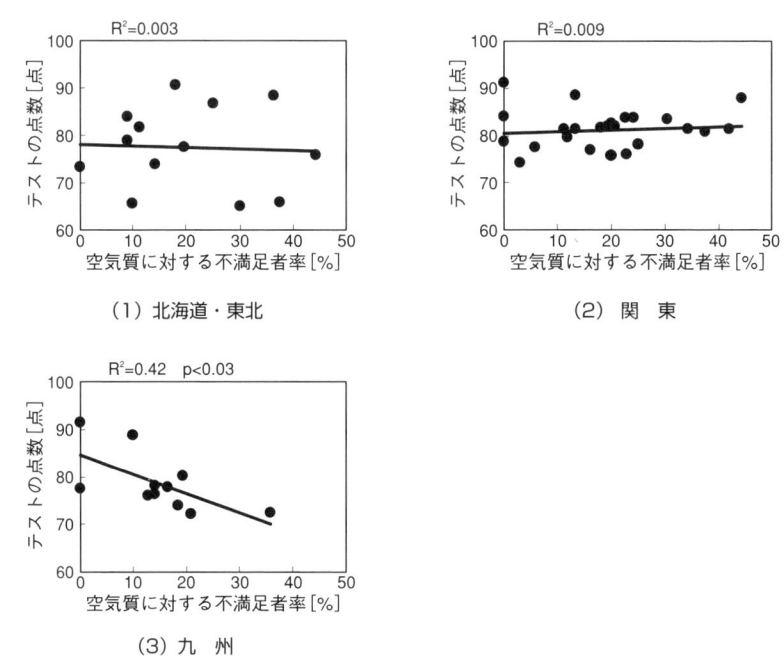

図5.4 地域別の空気質に対する不満足者率と客観的な学習効率(テストの点数)の関係

(1) 北海道・東北　$R^2=0.003$
(2) 関東　$R^2=0.009$
(3) 九州　$R^2=0.42$　$p<0.03$

季節別の検討結果

1. 客観的な学習効率と環境満足度の関係

　2月(冬期)、4月(中間期)、6月(夏期)の季節別の検討結果を紹介する。図5.5に各季節における空気質に対する不満足者率とテストの点数の相関分析結果を示す。いずれの季節でも空気質に対する不満とテストの点数に強い相関関係は見られず、季節ごとの傾向も特に見られない結果となっている。これは温熱環境に対する不満足者率との関係でも同様であった。

(1) 2月（冬期）

(2) 4月（中間期）

(3) 6月（夏期）

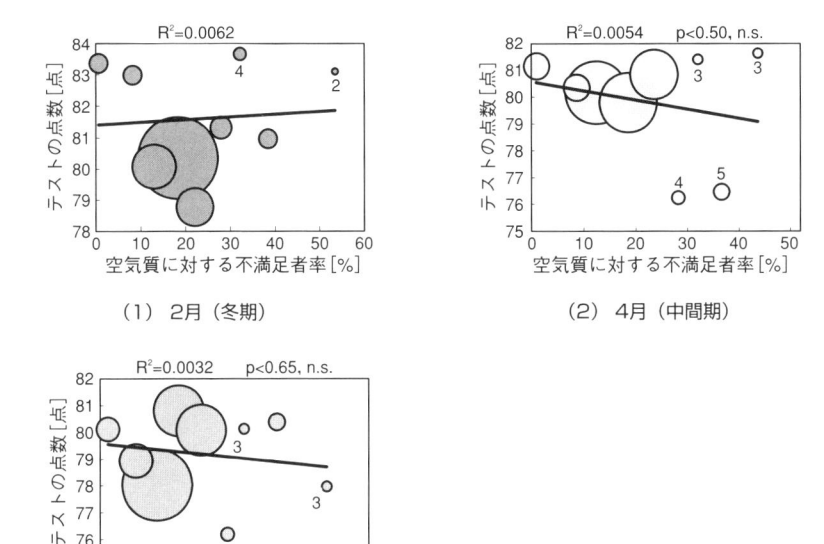

図5.5 季節別の空気質に対する不満足者率と客観的な学習効率(テストの点数)の関係

2. 主観的な学習効率と環境満足度の関係

2月、4月、6月の空気質に対する不満足者率と主観的な学習効率評価項目である「室内環境が原因でロスしたと思う時間」の相関分析結果を図5.6に示す。いずれの時期においても線形近似により有意な相関関係が得られた。相関係数(R^2値)に着目したところ、2月から順に$R^2=$ 0.29、0.76、0.93となり資格試験が近づくにつれて相関関係が強くなる結果となった。主観的な空気質に対する不満と、主観的な学習効率の評価の間には強い相関があることが様々の現地調査や実験により確認された。教室施設を管理する立場からは、室内環境を改善することで環境に対する不満足者率を減少させることが主観的な学習効率向上につながる対策になるといえる。

(1) 2月（冬期） $R^2=0.29$ $p<0.14$, n.s.

(2) 4月（中間期） $R^2=0.76$ $p<0.003$

(3) 6月（夏期） $R^2=0.93$ $p<0.0001$

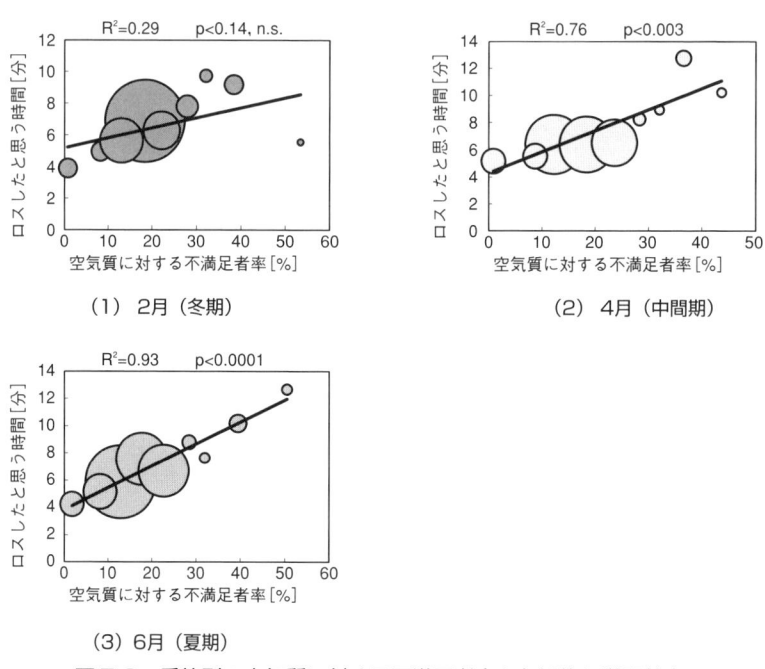

図5.6 季節別の空気質に対する不満足者率と主観的な学習効率
（アンケートに基づく）の関係

全国調査と現地調査、実験室実験との整合性の検討

　第3章の現地調査、第4章の実験室実験の結果に、本章の全国の実態調査で得られた結果を加えて検討を行った例について紹介する。

　温熱環境および空気環境に対する不満足者率と、客観評価ならびに主観評価の学習効率との各々の関係を図5.7に示す。いずれの結果も線形近似により回帰し、比較は不満足者率が0を基準として無次元化した学習効率を用いている。そのため、図5.7中に示す近似式ではいずれも切片は100となるように設定しているため、近似式の表記からは100を省略

しているので注意されたい。

全国調査と被験者実験（現地調査、実験室実験）を比較した場合、客観評価（図5.7(1)、(3)）よりも主観評価（図5.7(2)、(4)）においてその傾向が似ている結果となっている。また、客観評価よりも主観評価で、温熱・空気環境に対する不満足者率との間に有意な相関関係を確認することができる。この結果は、評価スケールを統一させた主観評価法の有用性を示す結果といえる。

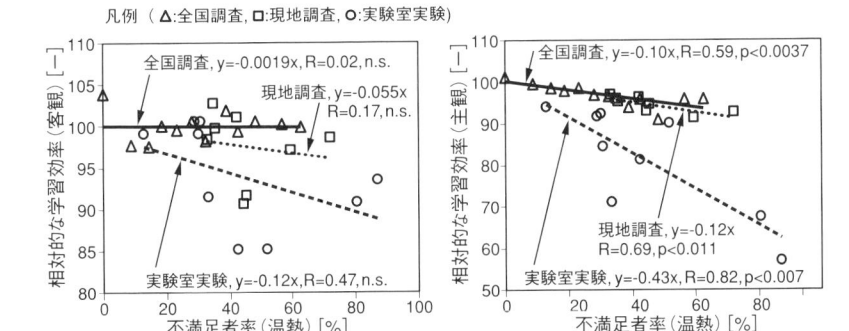

凡例（△:全国調査, □:現地調査, ○:実験室実験）

(1) 客観評価と温熱環境への不満足者率　　(2) 主観評価と温熱環境への不満足者率

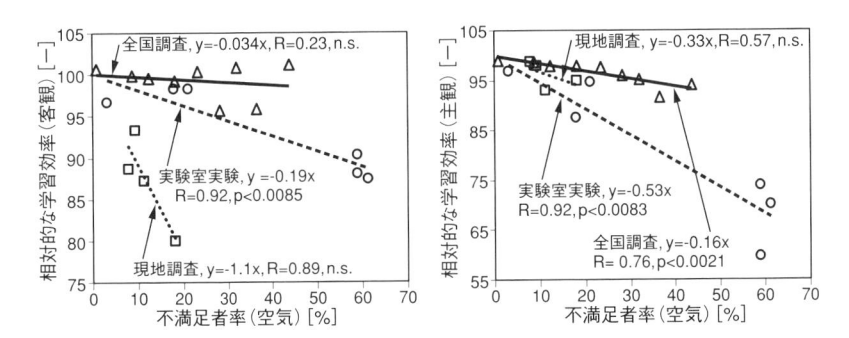

(3) 客観評価と空気環境への不満足者率　　(4) 主観評価と空気環境への不満足者率

図5.7　不満足者率と学習効率の関係

まとめ

　本章では全国展開する各地の日建学院教室を対象として確認テスト点数を用いた客観的な学習効率評価と主観的な室内環境評価を行った結果を紹介した。全国調査においても主観的な空気質に対する不満と、主観的な学習効率の評価の間には強い相関が認められ、第3章で紹介した現地調査、ならびに第4章で示した実験室実験の結果が、一般的・普遍的に適用可能な結論であることが確認された。また、主観的な空気質に対する不満と客観的な学習効率であるテストの点数にも一定の相関が認められる結果となった。

　しかしながら4000名近いサンプルを集め、学習効率に関する地域特性や気候特性、その他、本人の属性等を従属変数として分析を行ったが、統計的に十分な有意性をもって定量化が可能な結論を導くことはできなかった。今回の調査範囲では学習効率は室内環境の影響を受けるが、地域間の格差は認められない、という結論となる。

　すなわち、「どの地域に住んでいるか」は学習効率に影響を与えないが、「どのような環境の教室で学ぶか」は学習効率に有意に影響を与えることが確認されたといえる。

第6章 学習意欲と教室環境

ホーソン効果 (Hawthorne effect) と呼ばれる現象がある。

　これは工場における照明の強弱が作業効率に与える影響を調査した際に、明るい照明の場合と暗い照明の場合において、作業効率に差が見られなかったというものである。この原因は、被験者として選ばれた作業者の意欲、いわゆるモチベーションにあるとした報告例[30]である。

　調査のために集められた作業者は、自分たちが選ばれて調査の対象となったこと、注目された存在になったこと等を理由として作業意識が向上し、照明に代表される物理的な環境要素が悪化した場合においても作業効率が一定に維持されたケースであると解釈されている。

　この理論が一般化され、「作業効率は環境条件、労働時間や賃金のみによって決定されるのではなく、周囲の注目度や関心、とくに監督者である上司の意識に強く影響を受ける」といった内容としてホーソン効果が紹介されることが多い。

　教育理論に目を移すと、同様の現象を示す言葉として、ピグマリオン効果 (Pygmalion Effect) がある。これは教師がある学生に対して優秀だという期待をもって教えれば、その学生は他の学生たちより相対的に優秀になる確率が高い、という理論として紹介されることが多い。いわゆる偽薬の効果を示すプラセボ効果 (Placebo Effect) も同様の現象を示しているといえる。

　ホーソン効果やピグマリオン効果は、学習効率を評価する際に被験者心理の扱いが大変重要であることを示唆している。特にモチベーションといった言葉で表現される被験者の学習に対するポジティブな意識は、同じ室内環境であった場合でも学習効率を大きく変化させる要因となりうる。しかし、その科学的構造に関しては、十分な定量性をもって明確に論じられている既往の研究は皆無といってよい[4],[7],[9],[30]-[32]。

　本章では、学習意欲に影響を及ぼす要因ならびにその評価方法を検討することを目的として実施した被験者実験と、筆者らが独自に開発したアンケート調査票を用いて、温熱・空気環境要素が学習意欲に及ぼす影

響や、その結果として学習効率に与える影響を詳細に検討した結果を紹介する [38)、39)、52)-54)、57)-60)]。

学習意欲に関する調査の概要

　本章で紹介する被験者実験は、第4章で紹介した実験と同一条件のもとで実施されている。ここでは2種類の被験者実験の結果を紹介する。第一に被験者実験を用いて学習意欲に影響を及ぼす要因ならびに評価方法の検討を行った結果と、第二に被験者実験を用いて温熱・空気環境の質が学習意欲に与える影響、その結果として学習効率に及ぼす影響の検討を行った結果を紹介する。

　教室の物理環境は、換気量の大小を操作要因として空気環境を変化させ、付随的に温熱環境も変化する室内環境を対象とする。被験者も前章と同様に一級建築士を目指している大学生および大学院生であり、実験で提供される講義内容には高い関心を示すグループとなるよう配慮している。

　また本章の後半部分では、学習意欲の調査を現地調査にも適用した結果を紹介する。

学習意欲の定義とアンケート調査票

1.　学習意欲の定義
　本研究では学習に対するモチベーションを代表する用語として「学習意欲」を用いる。ここでは学習意欲を「講義内容を吸収しようという意

欲」と定義する。一口に学習意欲といっても年スケールの長期的な学習意欲から瞬時的に生じる短期的な学習意欲まで様々な時間スケールが存在するものと推察される。

本章では一回当たりの講義時間である3時間程度の時間スケールに着目し、その時間内での学習意欲の変化に着目した。そこで、学習意欲を教室に入る直前の学習意欲である「講義前の学習意欲」(Motivation-before (M_b))と、入室後の講義中ならびにテスト解答時の学習意欲「講義中の学習意欲」(Motivation-during (M_d))の2種類に分類した。

両学習意欲は、アンケート用紙を用いた自己申告により定量的な評価を試みる。被験者による申告では、本人の過去の経験から最もやる気のある状態を100、最もやる気のない状態を0として、0から100のスケールを用いている。

2. アンケート調査票作成のための事前調査

学習意欲に影響を及ぼす要因と評価方法を検討することを目的として、予備的に実施した被験者実験の結果を紹介する。

この実験では表6.1に示すような調査票を用いることで学習意欲の日ごとの変動(これは講義前の学習意欲M_bとみなすことができる)、もしくは一日のうちの変動(これは講義中の学習意欲M_dに関連が深い)の程度の検討、定量的な学習意欲の評価方法の検討・試行を行うとともに、自由回答方式により学習意欲を高める要因と低下させる要因の抽出を行ったものである。

学習意欲の日変動ならびに時間変動に関する調査結果を図6.1に示す。55人(98%)の被験者が学習意欲は日変動すると申告し、51人(91%)の被験者が1日の中でも学習意欲が時間変動すると申告した。

また表6.2に示すように、学習意欲の日変動および時間変動の定量評価を行った結果、日変動の程度が時間変動よりも倍率の差で有意に5.4大きい結果となった。室内環境と学習効率の関係を正確に抽出して評価を

表6.1 学習意欲申告票

日	学習意欲は日によって異なりますか？ 【0：変わらない ⇔ 3：大きく異なる(4スケール)】
	最も低い日の学習意欲を1とすると最も高い日の学習意欲はその何倍ですか？　【　　　倍】
時間	学習意欲は時間帯によって異なりますか？ 【0：変わらない ⇔ 3：大きく異なる(4スケール)】
	最も低い時間帯の学習意欲を1とすると最も高い時間帯の学習意欲はその何倍ですか？　【　　　倍】

学習意欲を高めてくれる、もしくは低下させている要因は何ですか？
【いずれも自由記述】

(1) 学習意欲の日変動　　　　　　　(2) 学習意欲の時間変動

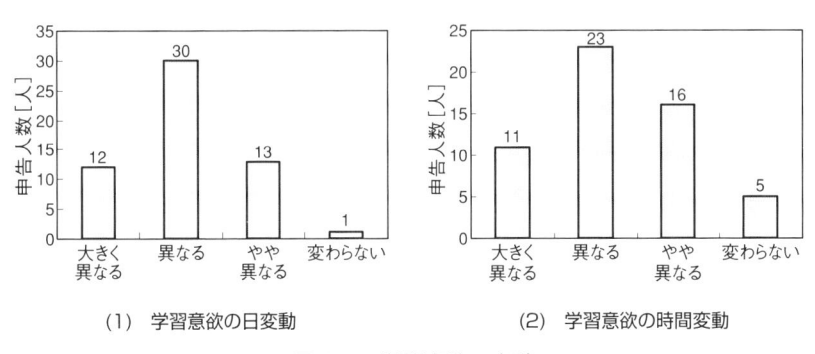

図6.1　学習意欲の変動

表6.2　学習意欲の変動の程度

	変動の程度　(変動なしを1倍とする)	有意差
日変動	14.3倍（±28.0）	p<0.04
時間変動	8.9倍（±20.0）	

行うためには、測定当日の学習意欲（講義前の学習意欲M_b）を併せて評価することが有用であることが示唆される結果となった。

　学習意欲を高めてくれる、もしくは低下させている要因を自由記述により確認した結果を図6.2に示す。図6.2(1)に示すとおり、学習意欲を高めてくれる要因については、①内容に興味がある、役に立つ、②謝金、③体調といった、室内環境の質とは無関係の要因が上位を占める結果となった。また図6.2(2)に示すように、学習意欲を低下させる要因として①体調、②内容に興味がある、③温熱環境が上位を占める結果となった。

　学習意欲を高める、もしくは低下させる要因として体調と興味度の影響が大きい。すなわち学習意欲の調査票で、体調と興味度を調査し、外れ値となるデータをスクリーニングすることで、より正確に環境要素と学習効率の関係を抽出できる可能性が高くなるといえる。

　学習意欲を低下させる要因として複数の指摘があった①体調、②興味度、③空気環境、④温熱環境、⑤光環境、⑥音環境、⑦空間環境、の7項目を抽出し、実験室実験と現地調査で使用する学習意欲の評価票を作成した。最終的な質問項目を表6.3に示す。この調査票を用い、温熱・空気環境の質が学習意欲に及ぼす影響と学習意欲が学習効率に及ぼす影響を検討した結果を紹介する。

学習意欲に関する実験室実験結果

1. 制御パラメータと学習効率

　被験者実験での物理環境設定条件を表6.4にまとめて示す。第4章で紹介した被験者実験の条件と同一であり、換気量（大）の条件と換気量（小）の条件を設定している。換気量の大小に付随して室温も若干変化する条件となっている。

第6章 ── 学習意欲と教室環境

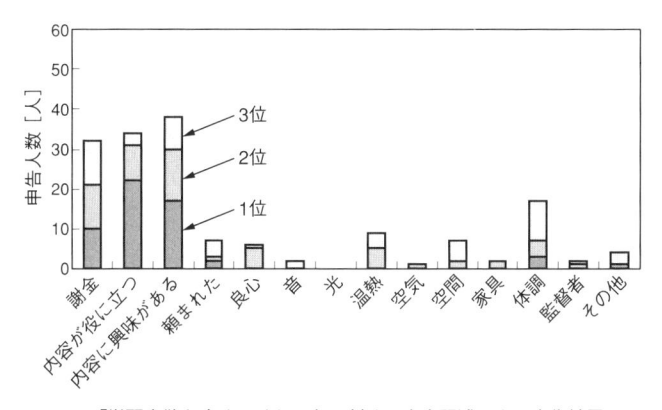

(1) 「学習意欲を高めてくれる」に対する自由記述による申告結果

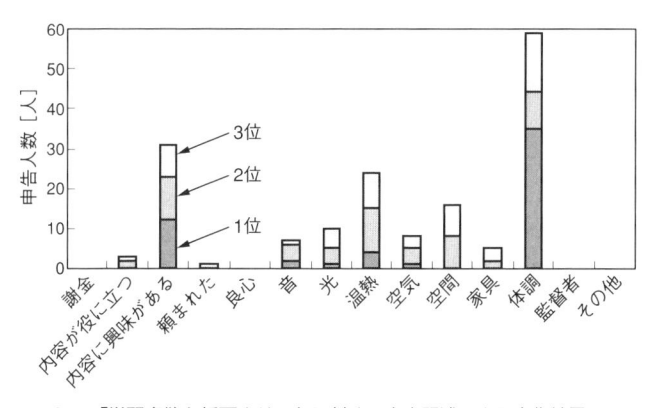

(2) 「学習意欲を低下させる」に対する自由記述による申告結果

図6.2 学習意欲に影響を与える要因の抽出

表6.3 被験者実験に用いた学習意欲申告票

1. 教室に入室前の学習意欲はいかがでしたか？	【　　％】
2. 講義中の学習意欲はいかがでしたか？(講義①、講義②、確認テスト)	
	【　　％】
3. 学習意欲を低下させている要因は何ですか？3つ選んで下さい　　　　　【①体調　②興味度　③空気環境　④温熱環境　⑤光環境　⑥音環境　　　　　　　　　　　　　　　　　　　　⑦空間環境　⑧その他】	
4. 3で選んだ3つの影響を100％とすると、それぞれの要因の影響は何％になりますか？　　　　　　　　　　　　　　　　　　　　【　　％、　　％、　　％】	

学習効率の測定結果は第4章で詳細に紹介しているが、表6.4の条件のもとで測定を行った結果、被験者実験①では、換気量(小)の条件から換気量(大)の条件に環境条件を変化させることで確認テストの平均点が3.8点向上し、換気量(小)を基準として学習効率の向上率を百分率換算すると10.0%程度の向上となった。被験者実験②では3.8点向上、百分率換算では7.7%の向上となった。両比較ともに統計的な有意差はない。

2. 講義前の学習意欲(M_b)と学習効率の関係

ここから学習意欲と学習効率に関する検討結果を紹介する。

学習意欲に関する申告結果を用いて、講義前の学習意欲M_bの中央値により講義前の学習意欲の高いグループ（以下M_b(H)）と低いグループ（以下M_b(L)）に分類し比較を行う。図6.3に講義前の学習意欲M_bを用いて学習効率の良否を検討した結果を示す。

被験者実験①（暗記系科目Ⅰ）では、換気量(大)の環境条件下では講義前の学習意欲の高いM_b(H)群のテスト平均点が6.6点高いという結果となった。同様に換気量(小)の環境条件においても講義前の学習意欲の高いM_b(H)群においてテスト平均点が7.1点高いという結果が得られている。

被験者実験②（暗記系科目Ⅱ）では、換気量(大)の環境条件下では講義前の学習意欲の高いM_b(H)群のテスト平均点が10.4点有意に高いという結果となった。同様に換気量(小)の環境条件においても講義前の学習意欲の高いM_b(H)群においてテスト平均点が8.6点高いという結果が得られている。

ある程度予想されることではあるが、講義前の学習意欲M_bが学習効率に有意に影響を及ぼす、もしくは影響を及ぼす傾向にあることが確認されたといえる。すなわち学習効率を定量的に調べる研究では、講義前の学習意欲M_bを評価し適切なスクリーニングを実施することで環境要素が学習効率に与える影響をより正確に評価することが可能となる。ま

表6.4　実験条件（実験室）

講義科目		被験者群A　月曜に実施	被験者群B　水曜に実施
被験者実験① (暗記系科目Ⅰ)	計画①	換気量(小)(2.5 m³/h/人) (27.3℃、45%)	換気量(大)(20 m³/h/人) (25.0℃、45%)
	施工①	換気量(大)(20 m³/h/人) (25.0℃、45%)	換気量(小)(2.5 m³/h/人) (27.3℃、45%)
被験者実験② (暗記系科目Ⅱ)	計画②	換気量(大)(20m³/h/人) (25.5℃、40%)	換気量(小)(2.5 m³/h/人) (28.3℃、60%)
	計画②	換気量(小)(2.5 m³/h/人) (28.3℃、60%)	換気量(大)(20 m³/h/人) (25.5℃、40%)

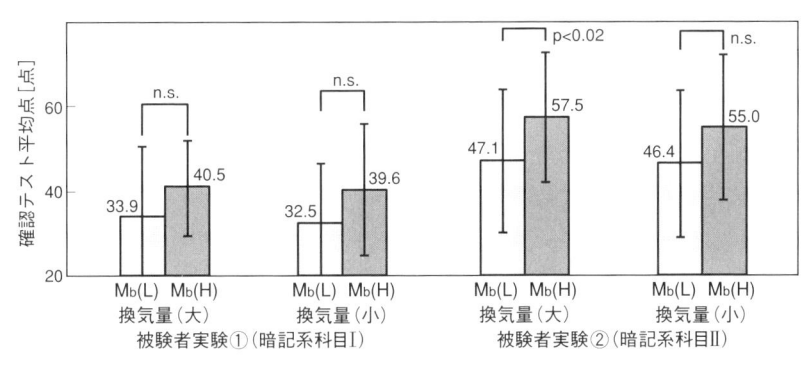

図6.3　講義前の学習意欲M_bと学習効率の結果

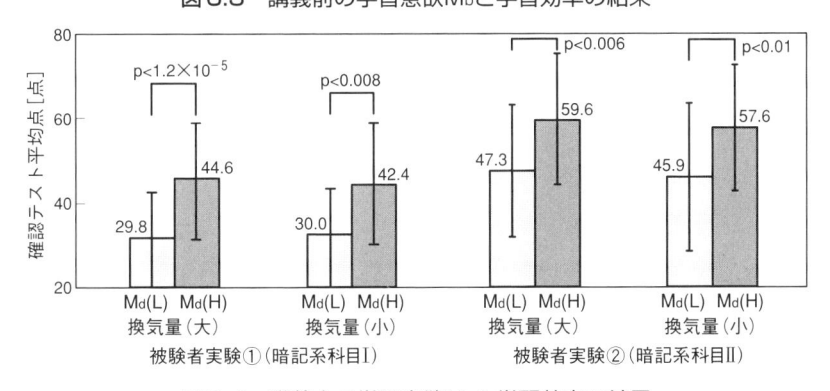

図6.4　講義中の学習意欲M_dと学習効率の結果

た、教育的な側面からは、教室に入る前の事前準備、予習等が効率的な学習には重要な要素となりうることが示唆された。

3. 講義中の学習意欲（M_d）と学習効率の関係

　講義中の学習意欲M_dが高いグループ（以下M_d(H)）と低いグループ（以下M_d(L)）に分類し比較を行った結果を紹介する。図6.4に講義中の学習意欲M_dで分類した学習効率の分析結果を示す。

　被験者実験①では換気量（大）の環境条件にて講義中の学習意欲が高いM_d(H)群が講義中の学習意欲の低いM_d(L)群と比較して有意に14.8点高いという結果となった。換気量（小）の環境条件下ではM_d(H)群のテストの平均点が有意に12.4点高いという結果が得られている。

　被験者実験②では換気量（大）の環境条件にて講義中の学習意欲が高いM_d(H)群が講義中の学習意欲の低いM_d(L)群と比較して有意に12.3点高く、換気量（小）の環境条件下においてもM_d(H)群のテストの平均点が有意に11.7点高いという結果が得られている。

　当然の結果ではあるが、講義中の学習意欲M_dも、学習効率に有意に大きな影響を及ぼすという結果となった。

4. 換気量と学習意欲（M_d）の時間変動の関係

　換気量(大)の環境条件と換気量(小)の環境条件を対象として、3時間講義の前半部分である講義①、後半部分である講義②、確認テスト時の三つの時点における講義中の学習意欲M_dの変化を図6.5に示す。

　アンケート調査は学習意欲の時間変化も含めて講義の終了後にまとめて実施している。講義中の学習意欲M_dの時間変化に着目すると、被験者実験②では、換気量（大）の条件と換気量（小）の条件を比較した場合に講義②と確認テスト時において換気量（小）の条件で講義中の学習意欲M_dが有意に低いという結果となった。

　被験者実験①の実験でも有意性は確認できなかったものの同様の傾向

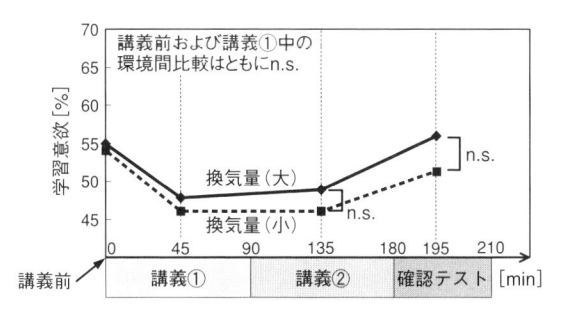

(1) 被験者実験①（暗記系科目Ⅰ）

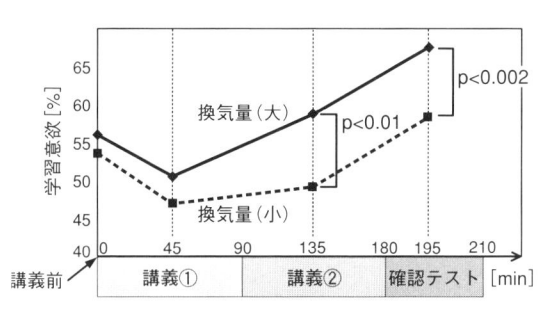

(2) 被験者実験②（暗記系科目Ⅱ）

図6.5　学習意欲の時間変動の様子

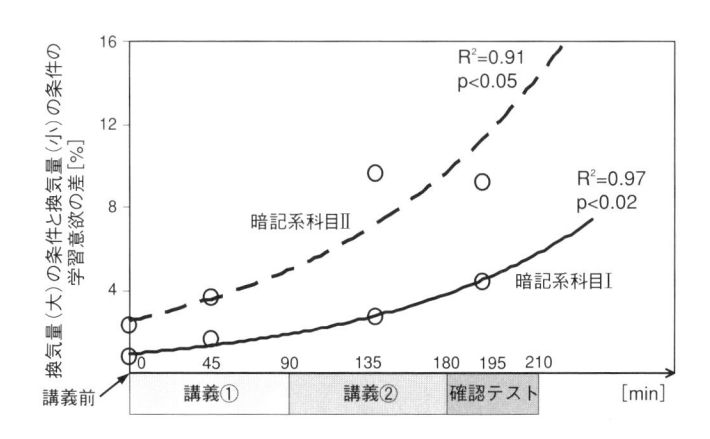

図6.6　相関分析結果

となっている。図6.4に示した環境条件を変化させた場合の確認テストの点数を併せて検討すると、室内の環境変化が学習意欲に一定の影響を与え、学習意欲が低下することで学習効率が低下する結果を招いたものと推察することができる。

入室後からの経過時間と換気量（小）を基準とした場合の換気量（大）の条件での学習意欲の差を相関分析した結果を図6.6に示す。指数近似により強い相関関係が有意に認めら、換気量（小）と換気量（大）の条件における講義中の学習意欲M_dの差は、時間経過に伴い指数関数的に増加する結果となっている。

5. 講義中の学習意欲を低下させる要因

被験者実験②の実験を対象として、講義中の学習意欲を低下させる要因を質問した結果を図6.7に示す。図6.7（1）に示す換気量（小）の条件では、④温熱環境が他のどの要因よりも有意に講義中の学習意欲M_dを低下させる要素として指摘され、図6.7（2）に示す換気量（大）の条件では、①体調（34%）、②興味度（24%）、③温熱環境（21%）、④空気環境（9%）、の順に影響度が評価される結果となった。

講義中の学習意欲を低下させる要素として、良好な環境条件では本人の体調が大きな影響を及ぼすと自覚されるのに対し、環境条件が低いレベルに設置された場合、その環境要素は明らかに学習意欲に強い影響を与えることが確認される結果となった。

学習意欲に関する現地調査結果

1. 制御パラメータと学習効率

実験室実験で実施した学習意欲に関する調査を、現地調査にも適用し

第6章 ── 学習意欲と教室環境

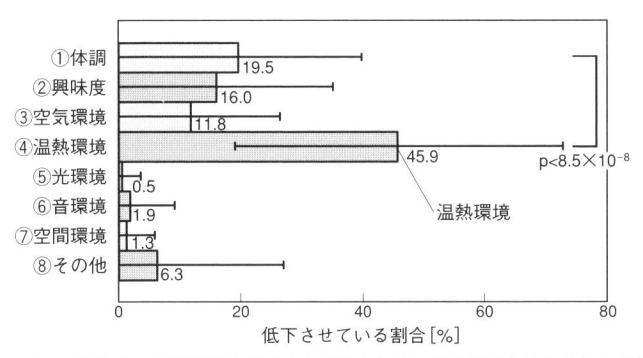

図6.7 (1) 講義中の学習意欲（M_d）を低下させる要因（換気量(小)の条件のみ）

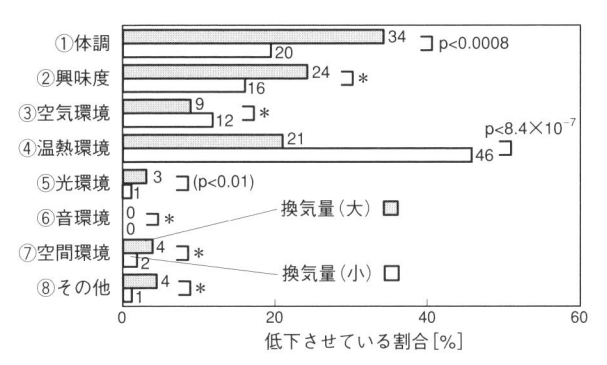

図6.7 (2) 講義中の学習意欲（M_d）を低下させる要因（換気量(大)・(小)を併記）
（＊：n.s.）

表6.5 現地調査の条件

調査日	ケース名	環境条件	科目	被験者
2/19(日)	PMV(−0.8→+0.4) 23.5±2.4℃	徐々に暖かくなる	施工①	90(人)
2/26(日)	PMV(0.0) 24.2±0.5℃	快適	施工②	86(人)
4/9(日)	PMV(−0.1) 25.0±0.3℃	快適	施工③	74(人)
5/7(日)	PMV(+0.5) 26.2±1.1℃	暖かい	施工④	73(人)
5/14(日)	PMV(−0.5) 23.4±0.5℃	涼しい	計画④	70(人)

た例を紹介する。現地調査は2006年2月から5月にかけて一級建築士の資格試験対策予備校で実施したもので、設定した環境条件を表6.5にまとめて示す。

本現地調査では換気量一定の条件で、PMVのみを変化させて環境条件を作り出している。PMVが−0.8→+0.4の条件は講義時間内で温熱環境を徐々に暖かい側に変化させる条件とした。この条件は室温変動に対して空調の吹出設定温度等を連成した制御を行わずに一定温度の空気を供給する方式で、人体発熱により時間経過とともに徐々にPMVが暖かい側になるものである。その他、PMVが0.0程度で熱的中立条件（再現性を含めて2回設定）、やや暖かい側の条件設定であるPMV+0.5、やや寒い側の設定条件であるPMV−0.5の4種のPMV条件を設定している。

被験者は一級建築士講座の受講生で、被験者数は70〜90人、20代から40代の社会人が中心である。現地調査結果の詳細は第3章で紹介している。

各環境条件で、学習効率（確認テストの点数）の比較を行った結果は第3章で紹介しているが、PMV(0.0)の環境条件を基本ケースとして学習効率を比較した場合、PMV(−0.8→+0.4)、PMV(−0.1)、PMV(+0.5)、PMV(−0.5)条件へ変化させたことで、それぞれ9.1点、0.5点、8.7点、0.6点低下する結果となった。

PMV(0.0)の環境条件の点数を基準として学習効率の低下率を百分率換算すると、それぞれ11.2%、0.6%、10.7%、0.7%の低下となる。PMVが時間的に変動する条件（PMV(−0.8→+0.4)）およびPMVが暖かい側で一定である環境条件（PMV(+0.5)）は、他の環境条件よりテストの点数が低く、学習効率が低下する傾向が確認されている。

2. 講義前の学習意欲（M_b）と学習効率の関係

上述の測定結果をもとに、講義前の学習意欲M_bが高いグループ（以下$M_b(H)$）と低いグループ（以下$M_b(L)$）に分類し、講義前の学習意欲M_bが学習効率に与える影響に関して比較を行った結果を紹介する。

第6章 —— 学習意欲と教室環境

　図6.8に講義前の学習意欲M_bが学習効率に与える影響の比較を示す。講義前の学習意欲M_bの中央値を用いて分類している。すべての環境条件でM_b (H) 群のテストの点数がM_b (L) 群より高くなっている。

　実験室実験と比較して、受講に対するモチベーションが高く維持されていると推察される現地調査でも、講義前の学習意欲M_bが学習効率に大きな影響を及ぼすことが確認された。

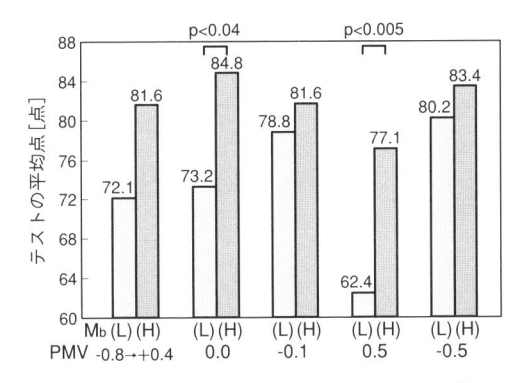

図6.8　講義前の学習意欲M_bとテストの点数
((H)は学習意欲の高いグループ、(L) は低いグループを示す)

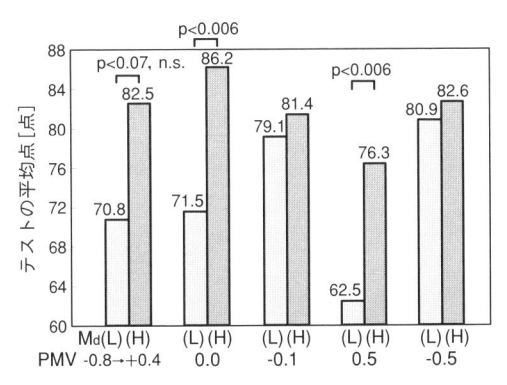

図6.9　講義中の学習意欲M_dとテストの点数

3. 講義中の学習意欲（M_d）と学習効率の関係

講義中の学習意欲M_dが高いグループ（以下M_d(H)）と低いグループ（以下M_d(L)）に分類し、講義中の学習意欲M_dが学習効率に与える影響に関して比較を行った結果を紹介する。講義中の学習意欲M_dの中央値を用いて分類している。

図6.9に講義中の学習意欲M_dが学習効率に与える影響の比較を示す。ある程度当然の結果であるが、すべての環境条件においてM_d(H)群のテストの点数がM_d(L)群より高い結果となっている。測定順に11.7点、14.7点、2.3点、13.8点、1.7点高い結果となった。現地調査でも講義中の学習意欲M_dが学習効率に大きな影響を及ぼすことが確認された。

図6.8と図6.9に示した結果より、講義前の学習意欲M_bより講義中の学習意欲M_dの方が学習効率に及ぼす影響が大きくなっており、前述の実験室実験の結果と同様の傾向となっている。

学習意欲に関する現地調査と実験室実験の整合性の検討

学習意欲に着目して、現地調査と実験室実験の整合性を検討する。図6.10には講義前の学習意欲M_bの比較結果を示す。現地調査と実験室実験を比較した場合、講義前の学習意欲M_bは現地調査で有意に高い結果となっている。講義前の学習意欲M_bが学習効率に影響を与えることが確認されているため、現地調査と実験室実験において講義前の学習意欲M_bに有意な差があることは、学習効率の評価と比較の精度を上げるために配慮すべき点であるといえる。

実験室実験および現地調査の講義中の学習意欲M_dと、設定した環境条件を一覧にして図6.11に示す。換気量の大小に着目すると、換気量

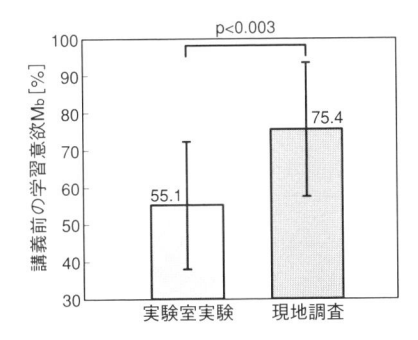

図6.10 講義前の学習意欲（M_b）の比較

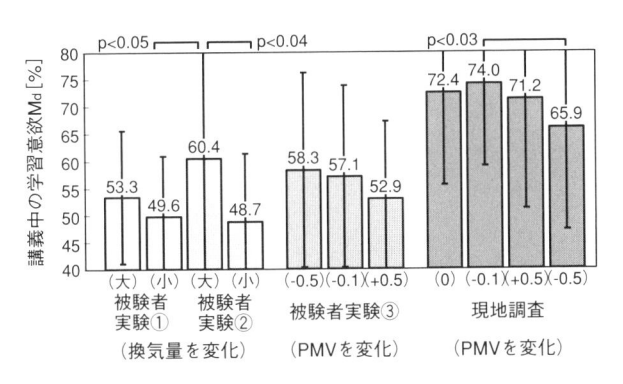

図6.11 環境条件と講義中の学習意欲（M_d）
（実験条件の詳細は表6.4ならびに表6.5を参照）

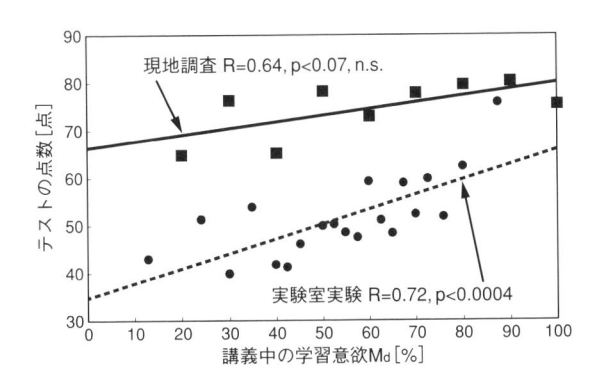

図6.12 講義中の学習意欲M_dとテストの点数の関係

(大)の条件では換気量(小)と比較して講義中の学習意欲が3.7～11.7%高い結果となる。空気環境の質が、講義中の学習意欲に影響を及ぼすことが示唆される。実験室実験でのPMV変化に着目した場合、やや暖かい側の設定であるPMV(+0.5)で4.2～5.4%学習意欲が低下する結果となっている。

実験室実験および現地調査の講義中の学習意欲M_dとテストの点数の関係を図6.12に示す。この結果は実験室実験と現地調査で得られた講義中の学習意欲の申告値を用いて、適切な人数ごとに分類し、そのグループの講義中の学習意欲(横軸)、テストの点数(縦軸)の平均値を算出しプロットし相関分析を行ったものである。

実験室実験($R=0.72$, $p<0.0004$)、現地調査($R=0.64$, n.s.)いずれにおいても、講義中の学習意欲と学習効率の間に線形近似による相関関係が確認された。得られた近似直線を用いて考察すると、講義中の学習意欲M_dが10%増加した場合に学習効率は実験室実験で有意に3.1%、現地調査で1.4%増加する結果となる。

図6.11に示した環境条件と講義中の学習意欲の関係、ならびに図6.12に示した講義中の学習意欲M_dとテストの点数の関係より、全体的な傾向として、室内の環境条件が学習意欲に一定の影響を与え、その結果として学習効率に影響を与えるメカニズムが示唆されることとなった。

特に室内環境条件が不快に設定された場合には室内環境条件が学習意欲に強い影響を与える可能性が高く、室内環境がストレスなく適切に設定された場合には、体調や講義内容に対する興味といった室内環境要素以外の要因が学習意欲に支配的な影響を与える。

学習意欲、学習効率の両面より、適切な室内環境制御が強く望まれる。

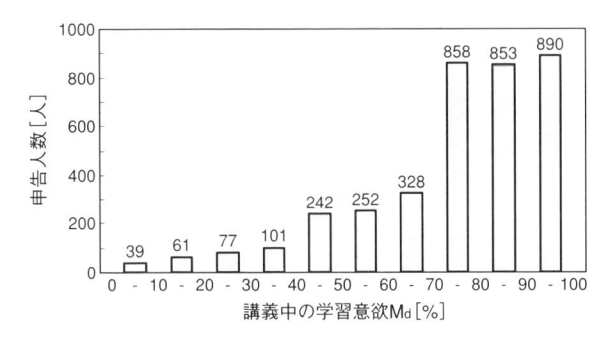

図6.13　講義中の学習意欲の申告結果の分類（2月）

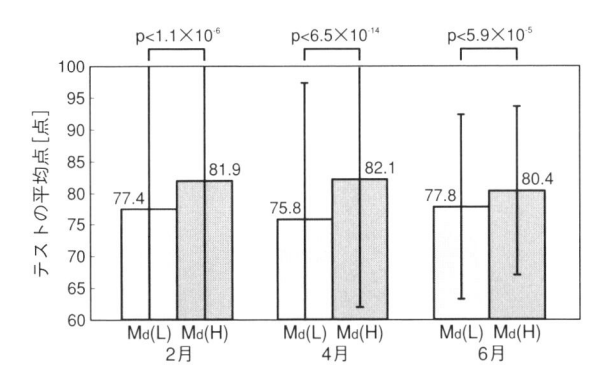

図6.14　講義中の学習意欲とテストの点数

学習意欲に関する全国調査結果

　ここでは第5章で紹介した全国調査を実施した際に、アンケート用紙を用いて収集した学習意欲の申告結果を紹介する。学習意欲の分布状況の結果を図6.13に示す。

　今回の全国調査では、3701名の全被験者のなかで70%以上に相当する2601名の被験者が、最高にやる気のある状態に対して70%以上の学習意

欲があると申告する結果となっている。被験者である受講生は、一級建築士の資格試験に向けて学習意欲が高いレベルに維持されていることが確認できる。

ここでは、学習意欲が70％以上と申告した被験者を学習意欲が高いグループとみなし、この被験者群を講義中の学習意欲が高いグループM_d(H)群とし、残りの被験者を学習意欲が低いグループM_d(L)群と分類して分析した。

図6.14に講義中の学習意欲によって分類した客観的な学習効率の評価結果を示す。一級建築士の1次試験は7月に実施されるが、学習意欲の季節別の変化は見られない結果となっている。また、季節別の2月、4月、6月の順に学習意欲の高いM_d(H)群でテストの点数、すなわち客観的な学習効率がそれぞれ4.5点、6.3点、2.6点有意に高い結果となった。全国調査においても、講義中の学習意欲M_dは学習効率に有意に影響を及ぼすことが確認された。

まとめ

本章では学習意欲に着目し、アンケート調査票を用いて学習意欲の定量的評価を試みるとともに、講義時間の前、および講義中の学習意欲の変化を調査することで、学習意欲の程度が学習効率に与える影響を検討した結果を紹介した。その結果は以下のように要約される。

(1) 講義前の学習意欲ならびに講義中の学習意欲は、学習効率に有意に影響を与える。
(2) 換気量(大)と換気量(小)の環境条件を比較した場合、換気量(小)の条件で講義中の学習意欲が有意に低くなり、客観的な学習効率（確

認テストの点数）も相対的に低いという結果となった。教室環境が学習意欲に影響を与え、その結果として学習効率にも影響を与えるというメカニズムの存在を確認することができる。
（3）良好な室内環境条件では、本人の体調や講義内容に対する興味度が学習意欲に大きく影響を与えるのに対し、環境条件が低レベルに設置された場合、低レベルの環境要素は明らかに学習意欲に強い影響を与えることが確認された。特に、温熱環境の悪化が学習意欲を低下させる要素として強く認識されている。
（4）学習意欲によって被験者群をグループ分けした場合、学習意欲の高いグループは環境の変化による影響を受けやすいことが示された。

第7章

学習効率の費用対便益

地球環境問題を背景として、環境省等を中心としたクールビズの呼び掛けとともに、事務所衛生基準規則の室温上限である28℃の室温設定であっても効率的に働くことが可能な服装が求められている。しかしながら、効率的な作業のためには適切な環境水準の確保が必要で、これを無視して一方的に省エネルギーのみを追求してエネルギー費用を節約すれば、室内環境の低下を招き、その結果として学習効率や知的生産性の低下をもたらす可能性がある。「学習効率向上」と「省エネルギー性」は場合によってはトレードオフの関係になることもあると推察される。
　本章では、室内環境改善に伴う学習効率の向上をエネルギー費用の面から検討し、学習効率改善の費用対便益について概算した結果を紹介する。

学習効率評価モデルと建物モデル

　第3章、第4章で紹介した換気量や室温といった室内環境要素と学習効率の関係を示す評価モデルとエネルギー解析を併用することで、現実的な費用対便益の問題の解明を試みる。
　ここでは問題を単純化し、学習効率を向上させるために教室内の空調設定条件を変更した場合に、どの程度のエネルギーコストの増加となるかについて検討する。また省エネルギーに配慮しながら学習効率を最大化する室内環境条件は存在するか、といった問題を検討した結果についても紹介する。
　前章（第3章ならびに第4章）で示した学習効率評価モデルの中で、(1) 外気導入量と相対学習効率、(2) 室温と相対学習効率、の二つの環境要素に着目した評価モデルを適用する。以下、各学習効率評価モデルを再掲する。

1. ［外気導入量－学習効率］評価モデル

　第4章、第5章で示した、一人当たりの外気導入量（換気量）と学習効率の関係式を (7.1) 式（実測データに基づく）と (7.2) 式（実験室実験データに基づく）に示す。両者の関係は対数近似によりよく表現されることが確認されている。ここでの学習効率は一人当たりの換気量が$1.0 m^3/h$の時の学習効率を基準値として無次元化した相対的な学習効率を示している。

　　　　$y = 0.039\ ln(x) + 1.000$　　　　(7.1) 式　（実測に基づく）
　　　　$y = 0.034\ ln(x) + 1.009$　　　　(7.2) 式　（実験に基づく）

　ここで、yは相対的な学習効率、xは一人当たりの外気導入量 [m^3/h] を示す変数である。

2. ［室温－学習効率］評価モデル

　室温と学習効率の関係式を (7.3) 式（実測データに基づく）と (7.4) 式（実験室実験データに基づく）に示す。学習効率の値は無次元値、すなわち相対的な値である。室温と相対的な学習効率は2次の多項式近似によりその関係を表現することができる。

　　　　$y = -0.0273\ x^2 + 1.3302\ x - 15.178$　　　　(7.3) 式　（実測に基づく）
　　　　$y = -0.0817\ x^2 + 4.0594\ x - 49.438$　　　　(7.4) 式　（実験に基づく）

　ここで、yは相対的な学習効率、xは室温 [℃] を示す変数である。

　筆者らのデータでは、現地調査と比較して実験室での被験者実験結果の方が、換気量ならびに温度といった環境変数の影響を強く受ける傾向を示している。

　本章で示す以下の解析では、現地調査を基にした［外気導入量－学習効率］評価モデル、ならびに［室温－学習効率］評価モデルを用いて検討を行った結果を紹介する。

3. 建物モデル

ここでは、校舎を模擬した仮想的な建物モデルを対象として年間の動的熱負荷シミュレーションを行い、エネルギー消費量、ランニングコスト等を算出する[61]。解析対象とする建物モデルを図7.1に示す。基準階は四つの学習室（講義室）の他、廊下・階段スペース、機械室スペースから構成されており、基準階と同様のプランからなる3階建ての建物を想定する。対象建物の教室は南向きの設定である。

熱負荷解析には汎用計算ソフトTRNSYSを用いる。TRNSYSは、Wisconsin大学のソーラーエネルギー研究所（1975年）により開発されたモジュール構造をもつエネルギーシミュレーションシステムで、現在、世界中で広く利用され、空調システムの動的挙動を算出・分析するために利用されている動的シミュレーションプログラムの一つである。

建物内の各教室は、第3章で紹介した現地調査の教室に対応させ、人員密度0.51人/m^2、総人数25人/室とし、人体発熱の他、OA機器、照明

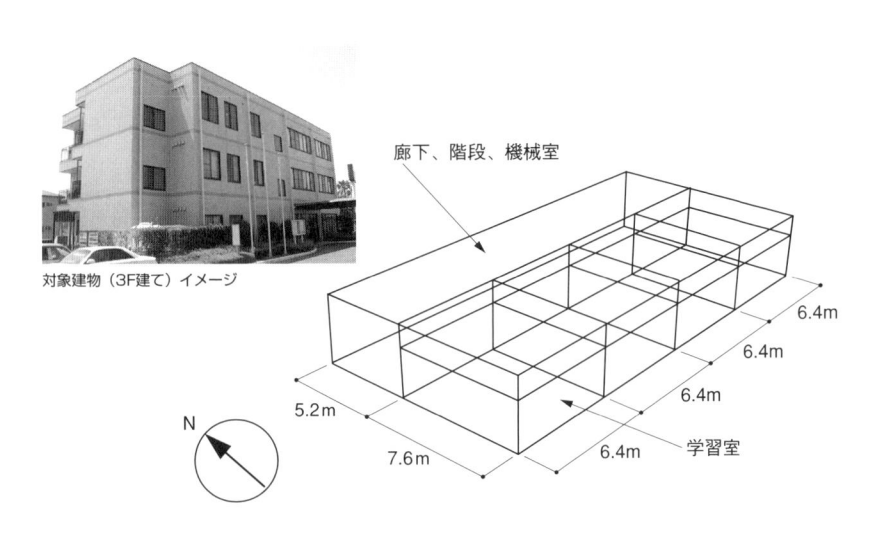

対象建物（3F建て）イメージ

図7.1　建物モデル概要

発熱、壁面からの貫流熱量を考慮している。また、社会人を対象とした講座が開講されていることを考慮し、月曜日から金曜日の平日の他、土曜日・日曜日その他休日も空調対象日と想定する。教室の使用時間帯は午前9時から午後5時までと仮定する。本解析では日本の代表的な気候特性を考慮し、札幌、東京、福岡の3地域の気象条件を対象とした検討結果を報告する。

　本章で紹介する解析ケースは、室温条件を一定（冷房26℃/暖房22℃）として、換気量（外気導入量）を10m^3/h/人から60m^3/h/人まで10m^3/h/人刻みで段階的に変化させた6ケース設定するとともに、換気量を30m^3/h/人で一定として室温条件を（冷房25℃/暖房23℃）条件から（冷房28℃/暖房20℃）条件まで1℃ずつ変化させた4ケースを設定する。解析ケースの一覧を表7.1に示す。

表7.1　解析ケースの一覧

外気量　[m^3/h/人]	設定室温 [℃]	
	夏	冬
10	26	22
20		
30		
40		
50		
60		
30	25	23
	27	21
	28	20

費用対便益の検討

Case 1
換気量を変化させた場合

1. 学習効率の変化

一人当たりの換気量10m³/h/人の条件を基準とし、その値から換気量を増加させた場合の学習効率の変化量を図7.2に示す。この解析結果は、(7.1) 式として紹介した学習効率評価モデルより算出したものである。

換気量10m³/h/人から20m³/h/人に倍増させた場合、学習効率は2.5％程度上昇する。換気量を増加させるとともに学習効率も増加し、換気量10m³/h/人から法定換気量である30m³/h/人まで増加させた場合、学習効率は4.0％上昇、60m³/h/人まで増加させた場合、学習効率は6.4％上昇となる。

2. エネルギー消費量の変化
●年間エネルギー消費量

換気量10m³/h/人の条件から、段階的に60m³/h/人の条件まで換気量を増加させた場合の、年間エネルギー消費量の解析結果を図7.3 (1) に示す。これは学習室の床面積当たりの年間エネルギー消費量 [GJ/年/m²floor]として示している。繰り返すが本解析は室温設定を冷房時26℃、暖房時22℃と固定し、換気量（外気導入量）のみを変化させたもので、単純に換気量を増加させた場合の効果だけに着目している。

寒冷地の札幌、中間地としての東京、温暖地の福岡の3地域を比較した場合、冬期の外気温の低い札幌での年間エネルギー消費量が相対的に大きい結果となり、換気量10m³/h/人の条件で床面積当たり4.3 GJ/年

/m^2、換気量30m^3/h/人の条件で7.5GJ/年/m^2、換気量60m^3/h/人の条件で13.1GJ/年/m^{2}となる。札幌、東京、福岡の3地域の中では東京のエネルギー消費量が最小となり、換気量10m^3/h/人の条件で床面積当たり3.0GJ/年/m^2、換気量30m^3/h/人の条件で5.1 GJ/年/m^2、換気量60m^3/h/人の条件で8.9 GJ/年/m^{2}となっている。

福岡は東京と比較して冬期の暖房負荷が大きく、そのために年間エネ

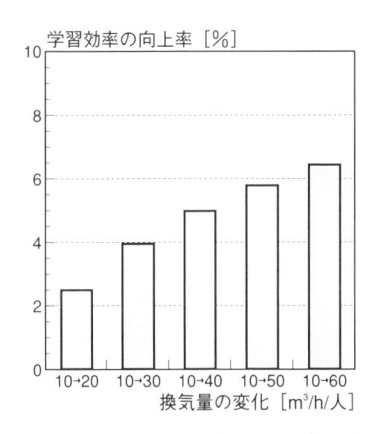

図7.2 換気量変化と学習効率向上率（10m^3/h/人を基準）

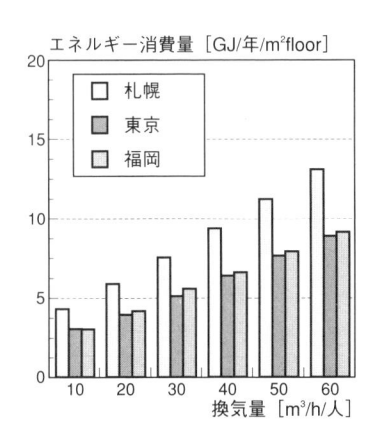

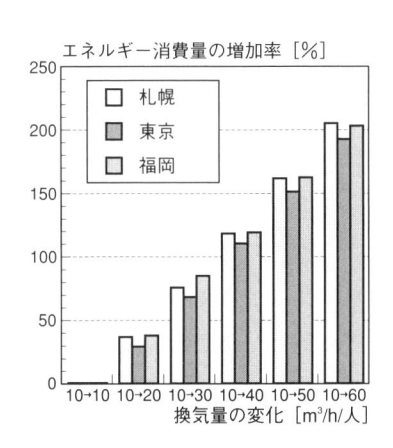

(1) 各換気量でのエネルギー消費量　　(2) 10 [m^3/h/人]基準の増加率

図7.3　換気量変化に伴うエネルギー消費量の変化

ルギー消費量が東京より大きく算定されている。

● 年間エネルギー消費量の増加率

　図7.3(2)に換気量10m³/h/人の条件を基準とし、その基準値から換気量を増加（変化）させた場合の年間エネルギー消費量の増加率を示す。

　寒冷地の札幌では、換気量増加に伴う年間エネルギー消費量の増加率が大きく、換気量10m³/h/人から20m³/h/人に増加した場合、年間エネルギー消費量は37％程度上昇する。換気量を増加させるとともにエネルギー消費量も増加し、換気量10m³/h/人から法定換気量である30m³/h/人まで増加させた場合、年間エネルギー消費量は75％上昇、60m³/h/人まで増加させた場合、年間エネルギー消費量は205％上昇する。

　東京では換気量10m³/h/人から30m³/h/人まで増加させた場合、年間エネルギー消費量は68％上昇、60m³/h/人まで増加させた場合、年間エネルギー消費量は192％上昇する結果となった。

3. 設備コストの変化

● 年間設備総コスト

　換気量10m³/h/人の条件から段階的に60m³/h/人の条件まで換気量を増加させた場合の設備総コストの解析結果を図7.4(1)に示す。

　本解析ではイニシャルコスト(設備償却年数15年、年間金利3％と仮定)とランニングコストの和を年間の設備総コストと定義している。また、図7.4(1)は学習室の床面積当たりの設備総コスト［千円/年/m² floor］として示している。

　札幌、東京、福岡の3地域を比較した場合、札幌における設備総コストが相対的に大きい結果となり、換気量10m³/h/人の条件で床面積当たり19.0千円/年/m²、換気量30m³/h/人の条件で29.1千円/年/m²、換気量60m³/h/人の条件で46.6千円/年/m²となった。3地域中では東京が最小となり、換気量10m³/h/人の条件で床面積当たり12.0千円/年/m²、換気

量30m³/h/人の条件で16.6千円/年/m²、換気量60m³/h/人の条件で24.2千円/年/m²となった。

● 年間設備総コストの増加率

図7.4(2)には換気量10m³/h/人の条件を基準とし、その基準値から換気量を増加(変化)させた場合の設備総コストの増加率を示す。

年間エネルギー消費量の解析結果と同様に、寒冷地の札幌では、換気量増加に伴う年間設備総コストの増加率が大きくなり、換気量10m³/h/人から20m³/h/人に増加した場合、年間設備総コストは26%程度上昇する。換気量を増加させるとともに年間設備総コストも増加し、換気量10m³/h/人から法定換気量である30m³/h/人まで増加させた場合、年間設備総コストは54%上昇、60m³/h/人まで増加させた場合、年間設備総コストは146%上昇となる。

東京では換気量10m³/h/人から30m³/h/人まで増加させた場合、年間設備総コストは38%上昇、60m³/h/人まで増加させた場合、101%上昇する結果となった。

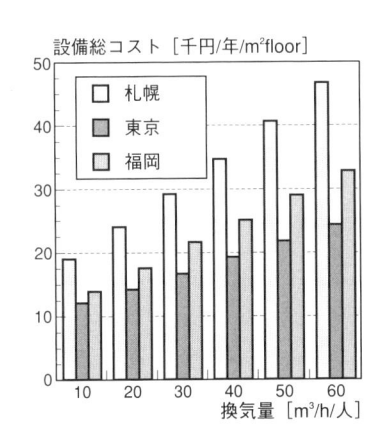

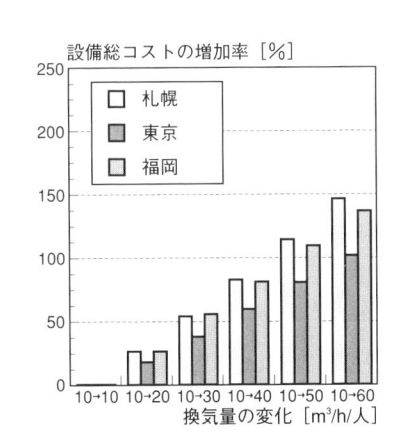

(1) 各換気量での設備総コスト　　(2) 10 [m³/h/人] 基準の増加率

図7.4　換気量変化に伴う設備総コストの変化

Case 2
室温を変化させた場合

1. 学習効率の変化

ここでは現地調査より求めた (7.3) 式の学習効率評価モデルを基に学習効率の変化を検討する。

夏期の場合、室温を26℃から25℃へ1℃低下させることで、学習効率は6.2%向上、27℃から26℃へ1℃低下させることで、学習効率は11.7%向上する結果となる。

冬期では、室温を22℃から23℃へ1℃上昇させることで学習効率は10.2%向上、室温を23℃から24℃へ1℃上昇させることで学習効率は4.7%向上する結果となる。

室温設定を調整することによる学習効率向上は、換気量変化に伴う学習効率向上と比較して効果が大きいといえる。

2. エネルギー消費量の変化

●年間エネルギー消費量

基準とする室温設定［冷房25℃、暖房23℃］の条件から室温を1℃刻みで段階的に［冷房28℃、暖房20℃］の条件まで変化させた場合、年間エネルギー消費量を解析すると図7.5 (1) のような結果となる。学習室の床面積当たりの年間エネルギー消費量［GJ/年/m^2floor］として示している。

本解析は外気導入量を30m^3/h/人と固定し、室温設定条件のみを変化させたものであり、エネルギー消費量の変化分は、すべて室温設定条件のみの変化に起因するものである。寒冷地の札幌、東京ならびに温暖地の福岡の3地域を比較した場合、札幌での年間エネルギー消費量が相対

的に大きい結果となり、室温設定が[冷房28℃、暖房20℃]の条件で床面積当たり6.7 GJ/年/m^2、[冷房27℃、暖房21℃]の条件で7.2 GJ/年/m^2、[冷房26℃、暖房22℃]の条件で7.5 GJ/年/m^2、[冷房25℃、暖房23℃]の条件で8.0 GJ/年/m^{2}となる。3地域の中では東京が最小となり、室温設定が[冷房28℃、暖房20℃]の条件で4.1 GJ/年/m^2、[冷房27℃、暖房21℃]の条件で4.6 GJ/年/m^2、[冷房26℃、暖房22℃]の条件で5.1 GJ/年/m^2、[冷房25℃、暖房23℃]の条件で5.6 GJ/年/m^{2}となった。

● 年間エネルギー消費量の増加率

図7.5 (2) に室温設定[冷房28℃、暖房20℃]の条件を基準とし、その基準状態から室温設定を変化させた場合の年間エネルギー消費量の増加率を計算した結果を示す。

年間エネルギー消費量の増加率に換算した場合には、東京の値が大きくなり、夏期・冬期ともに室温設定[冷房27℃、暖房21℃]の条件へ1℃温度設定を変化させることで、年間エネルギー消費量は12％程度上

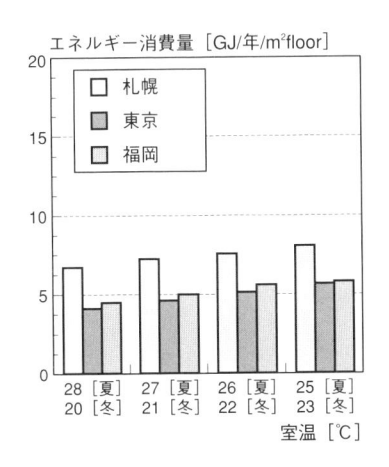

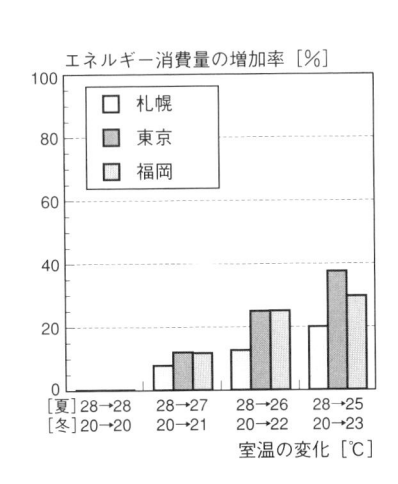

(1) 各室温でのエネルギー消費量　(2) 28℃[夏]・20℃[冬]基準の増加率

図7.5　室温変化に伴うエネルギー消費量の変化

昇する結果となる。室温設定［冷房28℃、暖房20℃］から［冷房26℃、暖房22℃］の条件へ変更することで、年間エネルギー消費量は25％程度上昇、［冷房25℃、暖房23℃］の条件へ変更することで、37％程度上昇する結果となった。

3. 設備コストの変化

● 年間設備総コスト

室温設定［冷房28℃、暖房20℃］の条件から室温を１℃刻みで段階的に［冷房25℃、暖房23℃］の条件まで変化させた場合の年間設備総コストの解析結果を図7.6(1)に示す。

札幌、東京、福岡の３地域を比較した場合、札幌でのコストが相対的に大きい結果となり、室温設定が［冷房28℃、暖房20℃］の条件で26.9千円/年/m^2、［冷房27℃、冬21℃］の条件で28.2千円/年/m^2、［冷房26℃、暖房22℃］の条件で29.2千円/年/m^2、［冷房25℃、暖房23℃］の条件で30.4千円/年/m^2となった。

３地域の中では東京が最小となり、室温設定が［冷房28℃、暖房20℃］の条件で14.8千円/年/m^2、［冷房27℃、暖房21℃］の条件で15.7千円/年/m^2、［冷房26℃、暖房22℃］の条件で16.6千円/年/m^2、［冷房25℃、暖房23℃］の条件で17.5千円/年/m^2となった。

室温設定条件を夏期・冬期ともに１℃厳しく設定することで、設備総コストは単位面積当たり年間で900円から1300円程度のコスト増となる結果となった。

● 年間設備総コストの増加率

図7.6(2)に室温設定［冷房28℃、暖房20℃］の条件を基準とし、その状態から室温設定を変化させた場合の年間設備総コストの増加率を示す。

増加率に換算した場合、福岡での変化量が大きくなり、夏期・冬期と

もに基準状態［冷房28℃、暖房20℃］から室温設定［冷房27℃、暖房21℃］の条件へ1℃温度設定を変化させることで、年間設備総コストは7％程度上昇する。室温設定［冷房28℃、暖房20℃］から［冷房26℃、暖房22℃］の条件へ変更することで、14％程度上昇、［冷房25℃、暖房23℃］の条件へ変更することで、18％程度上昇する結果となった。

学習効率向上の費用対便益

本節では現地調査に基づいて、学習効率に係わる費用対便益の検討結果を示す。ここでの検討は筆者らの調査のみに基づくものであり、今後、各方面でこの種の研究が行われ、より信頼性の高い費用対便益の分析が進展することを期待する。

今回の解析では以下に述べるように、室温設定を調整することで学習効率向上を図る環境調整法がエネルギー消費ならびにコストの観点から

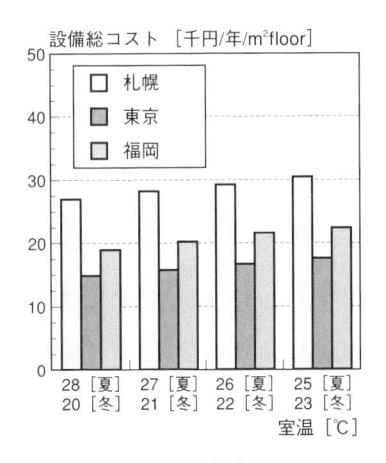

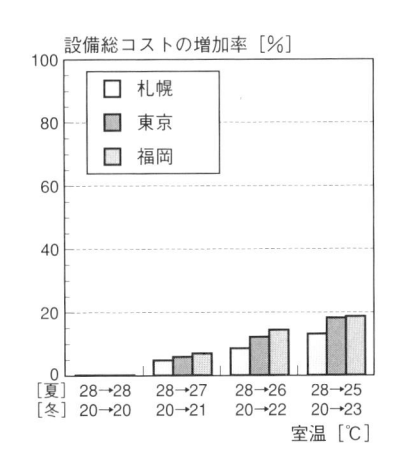

図7.6　室温変化に伴う設備総コストの変化

も効果的であることが明らかとなった。概算であるが、東京において換気量設定を10 m³/h/人の条件から60m³/h/人の条件に増加させた場合、イニシャルコストとランニングコストを含む設備総コストが約13000円/年/m²の増加となるのに対し、室温設定［冷房26℃、暖房22℃］の条件から［冷房25℃、暖房23℃］の条件に変更することで、設備総コストが約900円～1300円/年/m²の増加となる。これは単位床面積当たりの年間のコスト増を示している。今回対象とする教室環境の人員密度は0.5人/m²程度のため、室温を1℃調節した場合の年間のエネルギー消費量増加に伴うコストアップを受講生一人当たりに換算すると、1800円～2600円/年/人 程度となる。

一方、(7.1)式に示す学習効率評価モデルに従う場合、一人当たりの換気量を10m³/h/人から60m³/h/人まで増加させることで学習効率が6.4%向上する。また（7.3）式に示す学習効率評価モデルに従う場合、夏期には室温を26℃から25℃へ1℃低下させることで、学習効率は6.2%向上し、冬期には室温を22℃から23℃へ1℃上昇させることで学習効率は10.2%向上する。

室温に着目した場合、受講生一人当たり年間に2600円程度の投資を行うことで、学習効率が大きく向上する可能性があるということになる。

たとえば、私立大学の授業料は年額で100万円前後、資格試験対策予

建築士試験の得点分布と学習効率

日建学院の調査では、平成18年度の一級建築士試験の受験者数は40950名、一次試験（学科）の合格者数は4099名で、10%程度の合格率となっている（二次試験（設計製図）まで含めた最終的な合格率は7%程度）。平成18年度の一次試験合格ラインは100点満点中63点となっており、合格ラインに1点満たない受験者は全体の3.3%（実数では1350名程度）、合格ラインに2点満たない受験生は全体の3.2%（実数では1310名程度）と推計されている。一級建築士試験を例に取った場合、試験の点数にて評価される客観的な学習効率が数%変動した場合、合格ライン近辺では1000名以上の受験者の合否に影響を与えることとなる。

備校の場合、年額で40万円から80万円程度であるところが多いと推察される。この授業料のオーダーと比較して、2600円/年/人程度の投資額は受け入れ難いものではないと思われる。

まとめ

本章では、校舎をモデル化した小規模ビルを対象として、室内への外気導入量ならびに室温設定値を段階的に変化させた場合のエネルギー消費量ならびにランニングコストを動的熱負荷シミュレーション等により解析した結果を示すとともに、換気量ならびに室温を環境パラメータとした学習効率評価モデルを用い、室内環境調整を実施した場合の費用対便益の内容を定量的に検討した結果を紹介した。

得られた知見をまとめると、次のようになる。

(1) [換気量－学習効率] 評価モデルを用いた場合、一人当たりの換気量を$10m^3$/h/人から$30m^3$/h/人に増加させた場合に、学習効率は4.0％向上し、$60m^3$/h/人まで増加させた場合には6.4％向上する。[室温－学習効率] 評価モデルを用いた場合、室温26℃から25℃へ1℃低下させることで、学習効率は6.2％向上する。27℃から26℃へ1℃低下させることで、学習効率は11.7％向上する。

(2) 3階建てのモデル校舎を対象とした場合、換気量を$10m^3$/h/人から$60m^3$/h/人の範囲で変化させた場合、エネルギー消費量は最大で200％強の上昇率となる。これは設備総コストに換算すると、東京では最大13000円/年/m^2floor程度の上昇となる。

(3) 室温設定を [冷房28℃、暖房20℃] から [冷房25℃、暖房23℃] へ変化させた場合には、年間エネルギー消費量の増加率ならびに設備総コ

ストの増加率は最大で40%程度となる。

（4）東京において［冷房26℃、暖房22℃］の室温設定条件から［冷房25℃、暖房23℃］の条件に室温設定条件を1℃改善（空調に関する不満足者率が少ない方向へ変更）することで、受講生一人当たり年額で2600円程度のコスト増となる。この室温変更に伴い、学習効率は6.2%から10.2%向上する。学習効率は室温設定に対する感度が高く、今回の検討では換気量を変化させる場合と比較して室温制御は省エネルギーの面からも効率的な環境調整法となった。

（5）私立大学や専門職受験の予備校の授業料が、年額で数十万円から100万円程度であることを考慮すれば、約2600円/年という学習環境改善のためのエネルギーコストの増加は費用対便益の面からみて、受け入れ難いものではない。

（6）今回の分析は、筆者らの現地調査に基づいて費用対便益を検討したものであり、その適用範囲は限定的である。今後、幅広い検討が行われ、より信頼性の高い分析が行われることを期待する。

第3編 海外の研究動向
―― 小学校の教室環境を中心に ――

本編では子供たちが学ぶ小学校の教室環境と学習効率に焦点をあて、北欧を中心とする海外の研究動向と最新の研究事例を紹介する。

　本稿はPawel Wargocki（ポール ワルゴッキ）氏の英文原稿を、本人の了解を得て共著者である村上、伊藤の責任で翻訳したものである。

小学校の教室環境の質

　学校の教室環境は、たとえ先進国と呼ばれる国々であっても適切な環境ではないことが多く、オフィスビルの室内環境と比較しても劣悪な状態であることが各国の研究報告によって明らかになっている。スウェーデンでは39カ所の小学校を対象とした教室環境の現地調査例があり、77％の小学校が建築基準法の基準値に満たない状況であったとされている[62]。

　学校における一般的な環境の欠陥は、不十分な外気導入量、不適切な排気、空調機器のメンテナンス不良、水漏れなどである。この欠陥の情報は、米国の教育機関を対象とした苦情情報データベースであるNIOSH（労働安全衛生研究所）の健康危険評価報告書に記載されているものである[63],[64]。

　また教室の一人当たりの外気導入量は、基準値や推奨値と比較してかなり低いレベルにとどまっているのが実情である[64],[65]。たとえば、米国暖房冷凍空調学会ASHRAEスタンダード62.1[66]では、教室の標準的な外気導入量として、子供一人当たり18m^3/hの他、単位床面積[m^2]当たり2.2から3.2m^3/hを加えた量を推奨値として示している。これはデンマークの建築基準法の推奨値（1995）[67]と同値である。また、健康で衛生的な室内環境維持を可能とする代替法を採用する場合には、機械換気設備の設置を義務づけるものではない（たとえば、大教室において開閉

可能窓を用いた自然換気システムが設置されている場合など)。

　換気量が少ない場合には教室内の二酸化炭素濃度の上昇を招き、一般的な推奨濃度レベルである800 ppmから1000 ppmを越えることもある。二酸化炭素濃度の上昇は、人体由来を含む他の汚染物質の濃度上昇も示唆しており、室内空気質の低下を意味することとなる[65]、[68]、[69]。また、多くの研究論文で教室内の粒子濃度の上昇が懸念されている[65]、[70]、[71]。

　さらに、学習環境としては不適切な高温となるのも一般的な教室の状況であり、これは寒冷地の国々においても同様の傾向である。スウェーデンで実施された教室内温度の現地調査結果によれば、前期（4月から9月）の教室内温度は一般的に23℃から25℃程度と報告されており、教師や生徒が好む温度より3℃から6℃高い状況であるといえる。室温が30℃を越える場合も報告されており、こういったケースは寒冷地において顕著な傾向といえる[72]。

　このように、教室内で高温となる一般的な要因は、日射負荷等の除去のための十分な換気量が確保されていないことによる。北欧では、可能な限り日照を確保できるように大きなガラス面を南面に確保したデザインが伝統的に採用されてきたことにも一因があるといえる。

　こういった状況の多くは自然換気のみに頼る設計の学校に見られるが、これは外部騒音やドラフトを避けるために自然換気口となる窓を閉め切っていることに起因することが多い。また機械換気設備が設置されてはいても、冷房装置のない学校においては同様の傾向が見られる。

　上述のように、教室環境は不適切な状態にあることが多いといえるが、教室内の空気質が劣悪である場合や教室内が高温となっている場合に、教室の環境が生徒の学業、すなわち学習効率に与える影響の程度に関する研究・報告例は非常に少ないのが現実である[8]。

　一般的には、教室環境と生徒の間には次のような事実が存在する。
(1) 教室は過密である上、未熟で脆弱、成長段階にある子供によって
　　占められている。そのうえ、生徒は劣悪な教室環境であろうがなかろ

うが、出席が義務づけられている。
(2) 子供たちは劣悪な教室環境に対して苦情を申し立てる術をもっておらず、欠席することや他の学校を探すといった方法を探すことは不可能に近い。
(3) 子供たちが学校で義務づけられている作業は、任意選択的で繰り返し作業的なものではなく常に新しいものである。それゆえ、子供が行うべき作業の程度は、大人が職場で慣習的に(ルーチンとして)行っている仕事と比較して、当人にとっては困難であることが一般的である。
(4) 生徒の学業の成就レベルが低い場合には、人生の長いスパンにわたって影響を与えることになる。

このような状況を背景として、本編では、教室環境の質が低い場合に生徒の学習効率に与える影響の程度を調査した事例を幾つか紹介する。

教室内空気質と学習効率に関する既往研究(小学校)

Myhrvoldら[73)]による教室の調査では、二酸化炭素濃度レベルと子供の単純な反応時間には弱い相関(相関係数は0.11)が確認されている。言い替えれば、換気量の増加と学習効率には正の相関があると報告されている。しかし、学習効率に影響を与える様々な要因が適切に除外されておらず、また包括的で複合的な問題である学習効率の評価に、単純な反応時間を用いていることも幾分かの不確かさを含む結果といえる。

Pilottoら[74)]による研究では、コホート研究の結果、ガスヒーターから発生する空気中の汚染物質は生徒の出席率に負の影響を与えること、さらに生徒の健康にも負の影響を与えることが報告されている。また、

Berner[75]は学校施設の維持管理の程度が低い場合には、学習効率すなわち学業の到達レベルも低いという関係を報告している。

しかしながら、これらの研究においてはこれら因子間の因果関係が十分に明確になっておらず、学業到達度の低い学校における重複因子の負の相関の例を示しているに過ぎないともいえる。

近年になり、Shaughnessy[76]やBakó-Biróら[77]によって、外気導入量の増加と学習効率の向上に関する正の相関を示した研究が2例報告されている。彼らの研究では、標準化された算術テストならびに言語テスト、もしくは心理テストや実際の授業での学習に類似した学習効率評価用のテストを採用することで、学習効率評価が検討されている。

子供を対象にした研究よって得られた知見だけでなく、WyonやWargockiら[78]によって報告されている成人を対象とした研究事例、すなわち室内空気質がオフィスでの知的生産性に与える影響に関する知見からも、教室内の空気質が学習効率に与える影響は十分に検討すべき課題であることがわかる。また、村上、伊藤らによる成人を対象とした教室内の学習効率に関する研究があるものの[13]、[14]、[33]-[39]、[47]-[60]、上記以外には、若年層を対象とした室内空気質と学習効率の関係に関する研究の報告例はない。空気中に存在する粒子の影響に関しては後述する。

コホート研究

コホート研究(cohort study)とは、疫学的調査手法の一手法であり、病因があった人達(暴露群)と病因が無かった人達(非曝露群)を同じ数だけ集めてきて、それぞれの中で何人が病気であるか、もしくは、将来病気になるかを調べる研究手法を指す。現状での罹患率ではなく、将来にわたって、追跡調査をする前向き研究(prospective study)の場合を、特にコホート研究と呼ぶ。

医学におけるコホート研究では、大勢の人を長年追跡調査するので、一研究者にできるものではなく国家的プロジェクトとなることが一般的である。コホート(cohort)とは、古代ローマの歩兵隊の一単位(300～600からなる兵隊の群)を語源とし、疫学では共通の因子をもった個人の集合という意味でこの言葉を使用しているといわれる。

教室内温度と学習効率に関する既往研究（小学校）

　教室内の空気質と学習効率の関係に関する研究事例と比較して、教室内の温度に着目した研究事例は比較的多いといえる。

　SchoerとShaffran[79]は、10歳から12歳の生徒を対象とした一対組み合わせによる実験を報告している。その実験では、一組のグループは冷房のない教室環境（室温26℃）、もう一組は空調制御された教室環境（室温22.5℃）に暴露される。実験に用いた教室は、この実験のために特別に作られたものである。

　それぞれのグループは、6週間から8週間の期間、学校に来たときは同じ環境の教室で過ごす条件となっている。この実験においては、大変単純で繰り返しの多いテスト（文章中からある文字を削除するテスト等）から、実際の学業に近いテスト（パンチカード上に数字をコード化する作業等）まで、多岐にわたる19種類の異なるテストを実施した結果、すべてのテストで涼しい環境において学習効率が著しく良いという結果となり、平均的には5.7％の学習効率の差が確認されたと報告されている。

　しかしながら、被験者となる子供は自分たちが実験に参加していることを自覚している（被験者はバスで各々の実験室に連れて来られ、いつもと違う教師に試験の概要を説明されているから）うえ、いつ実験されているかも認識している（各テストは開始の合図があり、ストップウォッチで時間が測定されているため）。さらに、実験期間の6週から8週間の間に、被験者である生徒間で話をすることで、二つの教室の室温設定条件が異なることも知っているのである。

　これが意味することは、測定された学習効率の差異は、二つに分けられたグループ間において、長期にわたる実験期間中の段階的なやる気の喪失と、不平不満の増幅に起因しているということである。

この解釈は論文の著者らの分析によるものである。一般には環境順化や環境順応と学習の並行プロセスにおいて、室温が学習効率に与える負の影響は時間経過とともに小さくなることが期待されるが、上述の実験ではグループ間の学習効率の差は時間経過とともに大きくなるという結果となっている。

　教室の温度が学習効率に与える影響に関する包括的な実験は、Wyonら[80]によって1960年代から1970年代にスウェーデンにおいて行われている。これらの実験では、9歳から10歳の子供が三つのクラスに分けられ、20℃、27℃、30℃に設定された教室内でそれぞれ2時間暴露される。同様の条件で11歳から12歳の児童が四つのクラスに分けられ、20℃と30℃、午前と午後（2条件×2条件の実験条件を設定）に条件設定された室内環境に暴露される (Holmberg and Wyon)[81]。
　前述したSchoerとShaffranら[79]の実験では、教室内温度を人為的に低下させた条件設定となっているが、これらの実験では温度を人為的に上昇させた条件としている。
　生徒は、加算テストや乗算テストといった算術に関するタスク（作業）や、読解や理解力、類義語や反義語探しといった言語に関するタスクを含む様々な学業に関連するタスクを実施し、誤答率や作業量を指標として学習効率を定量化している。
　この一連の実験では、すべての作業において、子供の学習効率は20℃の場合と比較して27℃ならびに30℃の条件で著しく低下するという結果となった。教室内温度の効果は、算術に関するタスクを対象とした場合には作業"率"、すなわち正答率や誤答率といった割合に影響を与えるが、読解力や読書速度といった言語に関するタスクを対象とした場合には、室温が上昇するに従い、作業"速度"が低下し、学習の絶対量に影響を与えるという結果となった。
　また、室温上昇の学習効率に対する負の影響は、子供の疲れが出やす

い午後に顕著になることも確認されている。

　教室内温度が学習効率に与える負の影響の程度は、作業の種類によっては30%以上となる。

　調査期間中、マジックミラーを介して子供たちの様子を組織的に観察した結果、室温上昇は子供の振る舞いに対して顕著な影響を与えることも確認されている (Holmberg and Wyon) [82]。室温が上昇した場合、子供たちは見るからに暑そうに振る舞うが、上着を脱ぐなどの衣服調節はなかなか行わない。女児は落ち着かなくなるが作業を続ける傾向があるのに比べ、男児はよそ事を始め集中力を失った様子が観察された。

　一連の実験の中で、通常教室ではなく語学実習教室で実施されたケースでは、20℃から27℃に教室温度を上昇させた場合、学習効率と室温上昇には有意な負の関係のあることが確認された。この傾向は子供が話しを聞いたり話したりしなければならない場合に顕著となり、聞き取りの他、書き取りをタスクに加えた場合には明確な傾向はみられない結果となった (Ryd and Wyon) [83]。

　次に紹介する実験[84]は、英国の人工気象室(いわゆるチャンバー実験)で実施されたもので、4人の12歳の少年のグループが20℃、23.5℃、27℃の環境条件に暴露されたケースである。

　中間の温度域では明確な傾向は観察されなかったが、最も高い温度設定(27℃)では、学業に関する作業速度が最も低下し、Tsai-Partingtonテスト (Tsai, L.ならびにPartington, M. W.によって開発された診断テストの一種)を用いた診断テストを相対的に早く終了してしまう、という結果となった。これより、室温上昇は教室内の子供に対し、覚醒や機敏さを低下させる効果があると推察される。

　本節で紹介した研究事例をまとめると、教室の温度が上昇した場合、子供の学習効率には負の影響を与えることが確認され、これはオフィス空間を対象とした成人の場合の研究結果と同様の傾向といえる (Wyon and Wargocki) [85]。

しかし、今回紹介した実験結果のほとんどは約40年前に得られたものであり、現在での状況と比して温度効果の程度には差があると予想される。さらに、学習効率と教室温度の関係を示す回帰式がどの程度の室温範囲で成立し、どの程度まで予測式の外挿が可能であるかといった点においても十分な情報はない。

教室内の粒子濃度と学習効率に関する既往研究

　教室内の空気中に存在する粒子状物質を除去した場合の学習効率改善に関する現地調査は、スウェーデンで実施された一例があるのみである。
　この調査では、教室内において静電型空気清浄装置を作動させた場合と停止した場合の比較実験の結果が報告されている（Matsson and Hygge）[86]。ここでは、眼球刺激と気道刺激に関するアンケート調査と、学業に類似させた5種類のテストを実施している。調査の目的はアレルギーや過敏性を有する子供に対して、空気清浄装置の効果を確認することにあり、調査は花粉の季節に実施している。
　調査結果によれば、空気清浄装置を作動させた場合には教室内の浮遊粒子濃度が低減し、猫アレルゲン量も減少する傾向にあったが、統計的に有意な効果は確認されなかった。論文の著者らは、この問題はもっと慎重に扱うべき課題であったと、論文中で指摘している（Mattssonら）[87]。
　浮遊粒子汚染物質に過敏であると自覚している子供は、空気清浄装置が作動した場合に眼球刺激や気道刺激が著しく減少することを経験的に自覚している。こういった生徒は5種類のテストの中で、一つのテスト（類義語探しテスト）において相対的に25%も高いスコアとなったが、著

者らが指摘するように、この突出した影響の見かけ上の有意差は、様々な複合作用のもたらした結果であるといえる。

これらの実験結果は、EUROPARTによる、室内空気中の粒子が健康に及ぼす影響に関する文献調査の結果と同様の傾向を示している。

EUROPARTは近年実施された1725の関連文献を調査したもので、工場を含まない一般的なオフィスビルにおける室内粒子濃度の健康リスクを評価する際に、不適切な学術情報に基づいた室内粒子数や粒子濃度が用いられていると指摘している（Schneiderら[88]）。同様に静電式空気清浄装置を動作させた場合でも、成人居住者に対して何ら健康影響を与えることはない（すなわち利得はない）ということも報告している（Croxfordら[89]、Wyonら[90]、Skulbergら[91]）。

粒子状物質とは若干異なるが、RosenとRichardsonら[92]はスウェーデンの2カ所の託児所における調査で、イオナイザ（沈着プレートなし）を運転した場合に、病気等の不定愁訴による欠勤率が有意に減少することを報告している。

イオナイザを運転することで小粒子の78%、大粒子の45%が除去され、二つのデイケアセンターのうち、一カ所で欠勤率が低下したとされている。一般に欠勤率は、日が異なれば大きく変化するものであり、イオナイザ設置によるこの一見もっともらしい効果はその他の外的要因に起因するものと推察される。

ここに紹介した数例の研究事例からは、学習効率に対する空気中の粒

メタ分析

メタ分析（meta-analysis）とは独立に実施された研究や測定の結果を統計的に統合する分析手法を指す。言い替えれば、「分析の分析」を意味し、統計的分析のなされた複数の研究を収集し、いろいろな角度からそれらを統合したり比較したりする分析研究法といえる。1960年代に社会学者のロバート・ローゼンタールが、実験者期待効果に関する一連の研究を比較研究する過程で開発したとされている。

子濃度の影響は読み取れないが、この結果は、粒子濃度が健康や学習効率に一定の影響を与えるという合理的な想定とは対応しないこととなる。

合理的な想定とは、燃焼機器や調理器具もしくは喫煙といった室内の付加的な粒子発生源がない場合において、室内に存在する粒子の大部分が外気の組成と同様であるという点、さらに信頼性のある疫学調査の結果では、少なくとも病歴のある年輩者や喘息をもつ人々に対して、大気中の粒子濃度が健康に対して負の影響を与えると結論づけている、という事実に基づくものである（Frommeら[93]、Petersら[94]、Hartogら[95]、Dominiciら[96]、NRC[97]）。

また、空気中の浮遊粒子は子供に対しても負の健康影響を与えることが指摘されている。

WardとAyres[98]は、PM10（粒径10μm以下の粒子状物質）とPM2.5（粒径2.5μm以下の粒子状物質）が、子供の健康に与える影響を22人の被験者を対象としてメタ分析しており、その結果、PM2.5はPM10と比較して大きな健康影響を与えることが認められ、健康な子供は喘息もちの子供よりも影響度が大きいことが明らかにされている。これは喘息もちの子供たちが薬の服用量を増加させることで、大気中の粒子濃度の上昇による健康影響に対処しようとした結果とも推定される。

その後、Moshammerら[99]は、オーストリアの学校における163名の健康な子供を対象とした被験者実験で、大気中の粒子濃度が上昇した場合、子供たちの肺機能が低下することを報告している。

小学校のIEQ（室内環境の質）と学習効率に関する実験

これまで紹介した既往研究結果を踏まえ、本節では、1）教室の温度

上昇を避けた場合、2）換気量を増加させた場合、3）粒子濃度を低減させることで教室内の空気質を改善した場合において、子供の学習効率が改善されるか否か、また改善される場合にはどの程度か、という点に焦点を当てて実施した実験の結果を紹介する。

　この研究の目的は、オフィス空間での成人を対象とした室温上昇と不十分な空気質が知的生産性に与える影響に関して得られている知見を、学校の教室環境と子供たちのケースに拡張することにある。

　成人を対象とした研究事例は、第１編で紹介した他、WyonとWargocki[78]、[85]によって文献調査された結果が報告されており、熱的な不快感は注意力を散漫にするとともに環境に対する不満足度も上昇させること、オフィス環境ではやや暖かい環境条件でオフィスワーカーの覚醒が低下し、シックビルディング症候群の兆候を悪化させ、さらに知的作業（精神作業）に負の影響を与えることが確認されている。また成人によるオフィス作業の効率は、良くも悪くもない中庸な室内空気質の場合に負の影響を受けることも報告されている。

1. 実験の概要

　ここからは、実際の学校の教室を対象として実施した、著者の最新の現地調査例を紹介する（Wargocki and Wyon[100]、[101]、Wargockiら[102]）。この一連の実験では7ケースの環境条件を設定している。実態調査の中で最初の３ケースは晩夏と冬期に実施している。既存施設である機械換気装置のファン容量を増強することで、二つの教室に十分な外気導入を可能な機器容量に変更し、生徒一人当たりの外気導入量を10.8m^2/hから34.2m^2/hに増加させるケースを設定している。

　晩夏に実施した他の２ケースの実験では、冷房ユニットを教室内に設置し、その操作を行うことで室温を25℃から20℃に低下させている。さらに、冬期と早春に実施した２ケースの実験では、静電型空気清浄装置を教室内に設置し、その操作を行うことで室内の粒子濃度を低減させて

いる。実験を実施した教室は100％の外気を機械換気により教室内に導入している。各実験は、二つの教室で同時並行で実施し、1週間継続させる設定条件としている。

この実験条件では、一方の教室は改善された室内環境条件に設定し、他方の教室は参照条件となるよう設定する（たとえば改善環境と比較して、換気量や室温、粒子濃度を変化させない条件とする）。実験は、1週間のセットを交互に設定しており、1週間経過後には二つの教室の条件をそのまま入れ替えて、さらに1週間の実験を実施する。これをクロスオーバーデザインの実験条件と呼んでいる。

すべての実験は実際の教室で実施しており、生徒は通常使用している教室で通常どおり学習する状況であり、特別に被験者として選ばれたものではない。それゆえ、環境条件が異なる場合に観察される学習効率の差は、子供のグループ間の差に起因するものではないといえる。

比較を行う二つの教室環境条件における実験は、同時並行で実施しており、そのため天候といった外的要素が学習効率に与える影響も相殺されるように配慮している。さらに教師、生徒ともにブラインド試験となっている。

実験期間中、教師と生徒は窓やドアの開閉が通常どおり許可されており、通常の授業進行や学内行事には一切の変更点を設けていない。できる限り教育環境や日々の教室環境が通常どおりとなるよう配慮している。

各実験を実施する週では、通常の学業に類似して設定した学習効率評価用のタスクを実施するとともに、生徒は週の終わりに教室環境ならびに健康状況の自覚症状に関する自己評価をアンケート用紙に記入する。記入方法等の説明は、通常どおりの教師が担当する。付加的な測定項目として、授業の終了後に成人の臭気判定士が各教室の空気質を評価している。この測定は毎回、生徒の帰宅後に実施しており、通常の学業活動に対する影響はない。

2. 学習効率の評価方法

　1週間の実験期間中、教室条件は一定に制御され、その間に実施されている授業の中で、適切な時間に、いつもと変わらぬ教師によって言語ベースと算術ベースの学習効率評価タスクを実施する。言語ベースのタスクと算術ベースのタスクは、読み書き計算といった一般的な学業を模擬したものである。学習効率評価のためのタスクは1週間の間、均等に設定しており、教師には同じタスクを別の週の同じ曜日・時間帯に実施してもらうように依頼している。また、一つの授業中には一つの学習効率評価のためのタスクを実施する。それゆえ、一般的に一日当たり2〜3のタスクを実施するだけとなる。

　タスクは、通常の授業に自然に組み込まれるように選定している。今回の実験では、最大で8種の異なるタスクを実施している。その詳細は次のとおりである。

(1) 加算テスト：4桁と4桁の数字の足し算を実施
(2) 乗算テスト：2桁と3桁の数字の掛け算を実施
(3) 減算テスト：4桁と4桁の数字の引き算を実施
(4) 数字の比較：2列に並んだ7桁の数字を比較し、二つの数字列が同じか否かをチェックする。7桁の数字は真ん中の3桁分を反転させて異なる文字列の組を作成している。
(5) 論理的思考（文法に関する論理的思考）：ABならびにBAという順で記述された文章の記述内容を分類し、真もしくは偽と回答する[103]。
(6) 聞き取りによるプルーフリーディング（校正作業）：テキストを読むと同時に録音により再生された音声の聞き取りを行い、テキスト中に間違い箇所を挿入していく。1ページあたりに10カ所のエラー（誤植）が割り振られており、読み取りと聞き取りを同時に行わなければ間違い部分を見つけられないようになっている。
(7) 読み取りと読解力テスト：選択肢が挿入されたテキストを読む。一つの設問には3種の選択肢があり、その中から一つを選ぶ。子供たち

がテキストの内容を理解したかどうかを確認するテストである。三つの選択肢はすべて一文としては不適切ではないが、その中の一つだけテキスト全体の内容に適合する。
(8) プルーフリーディング(校正作業)：四つの異なった種類のエラー(スペル間違い、論理的間違い、2種類の文法間違い(一つの文章中に明らかな間違いがある文法間違い、文章全体からみて間違いと判断される文法間違い))が挿入されたテキストを読み、間違い箇所を校正する。

　これらの学習効率評価のためのタスクすべては、生徒の教師と相談しながら今回の調査のために特別に開発したものであり、被験者となっている子供の年齢を考慮した適切な問題レベルの設定となっている。この評価方法を開発する上での最終目標は、タスクの内容を授業で実施している内容に可能な限り類似させるということである。計算をベースとする算術タスクは子供たちにとって慣れ親しんだものといえるが、他の言語ベースのタスクは子供たちにとって初めてのものであった。
　各タスクの実施方法、解答方法等については、教師は子供たちに例を示しながら解説するという方法をとった。各タスクの実施時間は短めに設定して、その時間内では、通常、すべての問題を解答することはできない設定となっている。今回は、10分を上限として各タスクの実施時間を割り当て、聞き取りによるプルーフリーディングのみ12分を上限とした。仮にすべての問題を時間内に終了させた生徒がいた場合、その時点ですべての生徒の作業は教師によって中止され、その時点での実際の作業時間を記録している。
　各タスクは問題設定に関して数種類のバージョンが用意されており、実施する週や時間帯に応じて重複のないように各バージョンを用いる。各タスクのバージョン間の偏差は考慮していない。
　生徒の学習に対するパフォーマンス、すなわち学習効率は、速度(単位時間内に各児童がどの程度早く作業するか)の観点とミスの量(誤答

率、%で表現）の観点から評価する。聞き取りによるプルーフリーディングの場合、偽陽性（聞き取りは正しいが間違ってマークされたもの）の数も同様に記録している。

今回の検討では、実験結果に基づく量－反応（ドーズ・レスポンス）関係の構築、すなわち教室での学習効率と換気量、学習効率と教室の温度との関係を、実験データを基に明らかにすることを目的とする。

量－反応関係を作成するにあたり、個別タスクの学習効率を、平均値を用いて無次元化している。その後、換気量もしくは室温に対する無次元学習効率の関係として回帰する。関係式は解答速度ならびに誤答率の項目で個別に作成する。今回の分析では、すべてのタスクデータを用いた平均学習効率を用いている。

3. 物理環境の測定

教室内の二酸化炭素の濃度測定には、シリコンベースの赤外線センサーを小形バッテリー内蔵型のデータロガーに接続して使用し、1分から5分間隔での連続測定を行った。測定位置は子供の安全を考慮し、教室床面から高さ2.2m位置に設置している。同様のデータロガーを温度ならびに相対湿度のモニタリングにも用いており、各教室の床面から高さ2.2mの位置に加え、給気口と排気口の位置にも設置して連続測定した。

ステートロガー（イベントロガー）を、窓の開閉頻度もしくは入り口ドアの開閉頻度の記録用として使用したが、今回の実験では、ドアが閉鎖する際の衝撃によりドアの開閉記録データの信頼性が低下し、有効なデータを収集することはできなかった。

ダスト沈着量は、ガラスプレートを床面高さ2.2mの位置に水平に設置して各週測定し、週末には、表面ダストメーターを用いて壁面表面に対するダスト付着率の調査を実施した。この測定法はゼラチンテープを用いてダストをサンプリングするもので、テープを直接測定装置の中に挿入しレーザー光を用いた光散乱法により定量するものである。

空気中の浮遊粒子濃度測定はスポット的に実施している。測定にはダストメーターを使用した。各週末、生徒帰宅後に20分程度実施している。粒子サイズは、>0.75, >1, >2, >3.5, >5, >7.5, >10, >15 μmの8スケールを測定した。0.02から1 μmの超微粒子測定にはパーティクルカウンター（A P-Trak型）を使用した。

　教室内の風速ならびに騒音、作用温度もスポット的に測定した。その他、全実験期間の気象データを記録している。

4. 外気導入量を増加させた場合の効果

　今回の測定では人為的に外気導入量を増加させるため、周波数制御が可能な大型ファンモータを導入するとともに、二つの教室の換気量を切り替えるためのダンパーも導入した。しかしながら、換気量を減少させたことに対応して、教師が教室内の空気質を改善するために窓を開けるという行為は、現実的な対応ということで許容して実験を継続する条件としている。そのために、単純に機械換気装置による外気導入量を測定するだけでは十分でなく、実質的な換気量は窓の開閉回数とその開閉時間にも依存することとなる。

　教室への実質的な外気導入量は、教室内の二酸化炭素濃度の連続測定結果を用いて二酸化炭素の質量バランス式より推定する[104]。その際、室内での二酸化炭素発生源となる生徒数は教師によって記録されたデータを用いている。子供一人当たりの二酸化炭素発生量は成人を対象としたオフィス作業での発生量を参考値にして推定値を作成した。

　最初に実施した3ケースの実験では、二酸化炭素濃度測定結果を用いて有効換気量を推定した結果、実質的な外気導入量は子供一人当たり14.4m^3/hと30.6m^3/hとなった。2回目の実験（2ケース）では、実質的な外気導入量は生徒一人当たり10.8m^3/hと23.4m^3/h、3回目の実験（2ケース）では、18m^3/hと34.2m^3/hとなった。

　生徒がいる状態を対象とした場合、教室内の二酸化炭素の平均濃度は、

最初の実験において1280 ppmならびに920 ppm、2回目の実験では1130 ppmならびに900 ppm、3回目の実験では1000 ppmならびに780 ppmとなった。すべての二酸化炭素濃度測定履歴を確認した結果、二酸化炭素濃度の変動は840 ppmから1760 ppmの範囲に収まっている。

すなわち、これらの実験条件は通常想定しうる最悪の教室環境ではない、ということが言える。言い替えれば、今回の実験で設定した二酸化炭素濃度レベルは決して特異な教室環境条件ではなく、どこにでも存在しうる条件である。

最初の実験では、一週間の実験期間の中で、週の途中まで通常の外気用フィルターを使用していたが、その後、週の途中で新しいフィルターに交換したため、その結果として外気導入量の調整を行っている。結果的に、フィルター交換に伴う外気導入量の変化がないことは実測データより確認している。他の二つの実験においても、新しいフィルターを各週に導入している。また、教室の騒音レベルは外気導入量に依存しないことも確認している。

外気導入量を10.8 m^3/hから34.2 m^3/hに増加させた場合、4種類の算術タスクと2種類の言語タスクにおいて、解答速度で表現した生徒の学習効率が有意に改善する結果となり、1種類の算術タスクでは正答率で示した学習効率は有意に低下する結果となった。また、外気導入量が増加した際に、生徒は空気質が有意に新鮮になったと指摘している。子供の教室内の空気質に対する知覚は、生徒の帰宅後に実施した成人の臭覚パネルによる臭気判定の結果からも追認されている。健康に関する自覚症状は変化がないとの申告であった。

図1に、学習効率と教室内の換気量に関する実験的な量—反応関係を示す。この結果より、外気導入量を2倍にすると、解答速度の観点に着目した学習効率は8％改善する結果となる。仮に、設定した環境条件の中で有意差のあったタスクの結果のみを用いて回帰曲線を求めた場合には、外気導入量を2倍にすると解答速度の観点に着目した学習効率は

14％改善する結果となる。

誤答率（もしくは正答率）に着目した場合、外気導入量の増加と学習効率には有意な相関関係は見られない。

5. 教室内の温度を低下させた場合の効果

教室内の温度に関する検討結果を紹介する。ここでは二つの実験で教室内の温度を調整している。これらの実験は晩夏に実施している。

教室内の温度を低下させるために、壁面設置型の冷房装置を各教室に

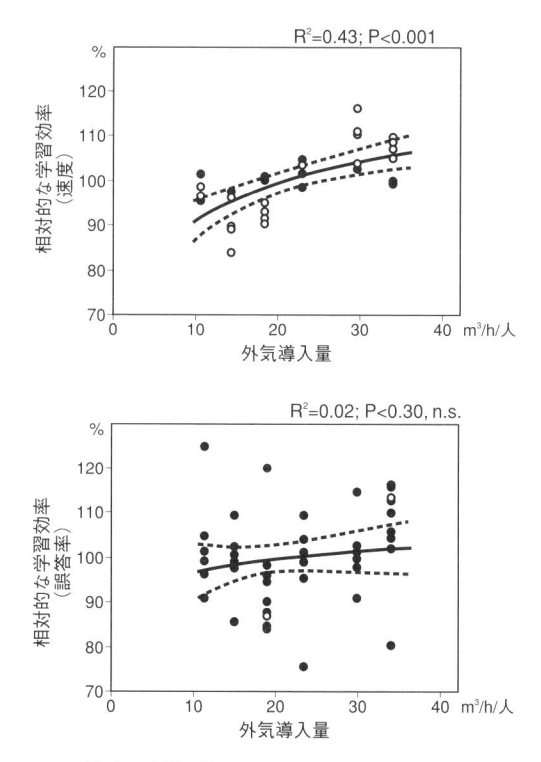

図1 教室の外気導入量と学習効率の関係

(上図) 学習効率をタスクの速度で表現した場合、(下図) 学習効率を誤答率で表現した場合
●は各々のタスクにおける学習効率を示し、○は全タスクの中で有意差のあるタスクのみを示す。
実線は回帰曲線を、点線で囲まれた領域は95％信頼区間を示す。

導入した。室内機は低騒音型であり、南側壁面のグリル型換気口の高さに合わせて設置した。また、可能な限りノイズレベルを低く制御するため、2種類の室内機を導入した。冷房システムの最大容量は6 kWであるが、ノイズを低減するために常に低速度での運転を実施したため、実質的な冷房能力は5 kW程度である。仕様書ベースでは一ユニット当たりのノイズは25 dBから30 dBとなっている。

実測で要求される冷房能力は、教室内の人員密度と日射負荷を基に熱負荷解析を行うことで事前に推定しており、導入した冷房システムは外気温度の設計条件を30℃とし、教室内を20℃に一定に制御するために十分な能力を有することを確認している。

また、冷房装置のオンオフとは独立して、空調機器の室内機のファンを連続運転することで、プラセボ効果(偽薬効果)を作り出すとともに、室温設定条件に依存せずノイズレベルを一定に制御した。

実験計画にしたがって教室内の温度を低下させる場合には、冷房ユニットを1週間通じて連続運転している(教室内の温度が外気条件に依存して変動することとなってしまうため)。室内温度の上昇を目的としたヒーター等の加熱装置は設置していない。冷房ユニットを運転しない条件では日中、室温が上昇し、午後に最高温度に到達することを意味する。そのため、日中を通じて室温が十分に一定条件に制御されるのは冷房システムを運転させた条件の場合のみということになる。

教室内温度の連続測定結果より、日平均室温を算出する。日平均室温は生徒が教室内に滞在している時間帯のみを対象とし、授業間の小休憩時間等は平均値算出のデータから除外している。これらのデータを用いることで、各教室の週平均温度も算出している。

教師は通常通り窓の開閉が許可されており、教室内が暖かくなった場合には僅かに窓を開閉するという傾向がある、結果として、室温が変動し、厳密な意味において完全に同一条件にて実験を再現することは不可能である。

最初の実験では、冷房を実施した教室内の平均温度は20℃、比較のために冷房を行わず暖かい環境条件とした教室の平均温度は23.6℃となり、両者の環境条件では平均で3.6℃の温度差となった。また、両者の環境条件で最大温度差は3.9℃であった。

　2回目の実験では、冷房を実施した教室内の平均温度は21.6℃、参照教室の平均室温は24.9℃となり、両者の環境条件では平均で3.3℃の温度差となった。両教室の最大温度の差は2.3℃であった。これらの室温設定に着目した実験は、各教室に新しいフィルターを設置した状態で実施している。

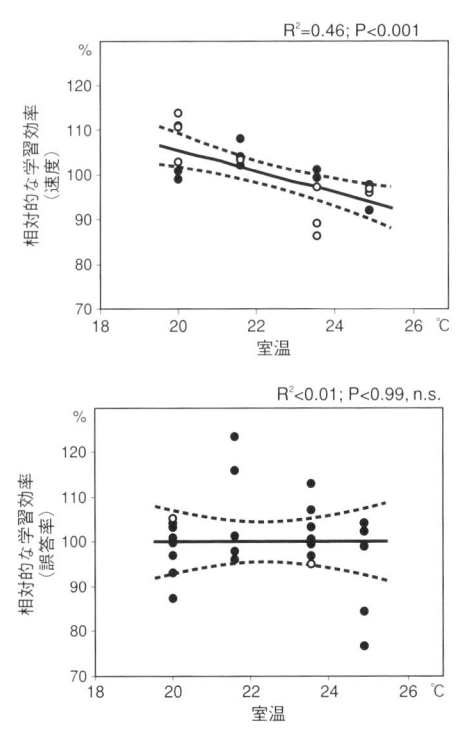

図2　教室内の温度と学習効率の関係

(上図) 学習効率をタスクの速度で表現した場合、(下図) 学習効率を誤答率で表現した場合
●は各々のタスクにおける学習効率を示し、○は全タスクの中で有意差のあるタスクのみを示す。実線は回帰曲線を、点線で囲まれた領域は95%信頼区間を示す。

教室内の温度を25℃から20℃に下げた場合、2種類の算術タスクと2種類の言語タスクにおいて有意に学習効率が改善する結果となった。

　聞きとりによるプルーフリーディングは解答時間が固定されているため除外するが、解答速度に着目した学習効率は室温低下に伴い改善する結果となった。このタスクでは、室温が低下した場合に一つの実験で誤答率が低下し、別の実験では擬陽性（聞きとりは正しいが間違ってマークされたもの）の解答が増加した。被験者である子供たちは与えられたタスクに取り組むために、一層の努力を必要としたと推察される。

　子供たちは、環境条件設定として室温を低下させた場合に、有意に室温が低くなり涼しくなったこと（言い替えれば、暖かくなくなったこと）、ならびに空気質が改善され、新鮮になったことを知覚した。これは、子供たちの帰宅後に実施された成人の嗅覚パネルによる臭気判定結果においても追認されている。

　健康に関する自覚症状に関しては変化が見られない。

　図2に学習効率と教室内の温度に関する、実験的な量―反応関係を示す。教室内の温度を1℃低下させた場合に解答速度に着目した場合の学習効率は2％改善するという結果となる。仮に、設定した環境条件の中で有意差のあるタスクの結果のみを用いて回帰曲線を求めた場合には、室温設定を1℃低下すると解答速度の観点に着目した学習効率は4％改善する結果となる。

　誤答率に着目した学習効率評価では、室温を低下させた場合に有意な相関は見られない結果となった。

6. 教室内の粒子濃度を低減させた場合の効果

　教室内の粒子濃度を低減させるため、各教室内で静電型空気清浄装置を運転した条件での実験を実施した。静電型空気清浄装置は壁面に沿って設置したキャビネット内に設置した。空気清浄装置による清浄空気の供給量は換気回数換算で8回/hになるよう設定している。各キャビネッ

ト内には800 m³/hの空気を静音型ファンによって供給している。

　キャビネット内を通過するエアロゾルは、コロナ放電によるイオン風によって電気的に帯電し、導電性インクにて表面処理したセルロース製波形フィルター上に凝集捕集される。コロナ放電時にオゾン発生がないことも確認している(Török and Loreth [105])。すべての実験期間において同様の沈着パネルを使用している。

　参照ケースでは、教室内の粒子濃度の低減は行わないが、プラセボ効果を作り出すために常にキャビネット内のファンは運転した状態とした。週の途中でフィルターを交換する実験では、新しいフィルターもしくは使用済みのフィルターの切り替えを行い、どちらか一方のみを使用する条件とし、その他の実験では5ヶ月から37ヶ月間の使用済みフィルターを設置し、実験期間中にフィルターの交換は実施しない条件とした。

　実験は花粉が飛散する季節をさけるよう慎重に計画し、外的要因による影響を極力除外する努力をしている。

　今回の実験に使用した静電型空気清浄装置は、全粒径範囲において除去効果を有するもので、実際の測定の結果、図3に示すように空気清浄装置を運転することで空気中の粒子濃度は全粒径範囲で低減することを確認している。

　一般には粒子発生源は室内に存在することが多く、室内の粒子濃度は外気濃度レベルより相対的に高くなることが多いが、今回の測定では、外気濃度レベル以下まで低減することが確認された。また、静電型空気清浄装置を運転することでダスト濃度も一定量低下する結果となった。

　しかしながら、粒子濃度の低減にも関わらず、室内環境知覚に関しては一貫した効果は観察されず、同様に、生徒による知覚強度や学習効率に対しても有意差のある結果は得られなかった。

　今回の実験で、学習効率と粒子濃度の間に一貫した関係が観察されない理由としては幾つかの可能性が考えられる。教室内の空気中の粒子濃

度レベルは実験を実施した学校間で大きく異なることが確認されており、ある学校では、空気清浄装置導入の有無に関係なく、すでに十分低濃度であった可能性がある。すべての教室において空気清浄装置を運転することで粒子濃度が低減したとしても、絶対量としての低減量そのものは実験を実施した学校によって大きく異なることとなる。このことは、ある程度、学習効率や知覚、自覚症状調べの際に粒子濃度の影響を低減させた可能性があり、最近の一連の実験で空気清浄装置を運転した際の学習効率に与える影響を実証することができない理由の一つである可能性がある。

また、実験の対象となった子供たちの中で、どれほどの子供がアレルギーを有して、どの程度のアレルギー物質に過敏であるかといった情報は皆無である。今回の実験ではアレルゲン量の測定を実施しておらず、教室内のアレルゲン量を評価することはできない。また何人の生徒が自宅でペットを飼っているかといった情報もない。自宅でペットを飼っている生徒がいる場合、教室内の動物由来のアレルゲン濃度も高くなるといった報告例もある (Berge ら[106])。

しかしながら、空気清浄装置を運転した場合に、空気中の粒子濃度が効率的に低下したケースにおいても、猫アレルゲンに対してはそれほど有効ではないことが報告されている (Mattsson ら[87])。そのため、静電型空気清浄装置を運転した場合でもアレルゲンを含有する教室内ダスト濃度は僅かしか改善されず、これが自己申告による健康に関する自覚症状調べに有意な結果が得られない一因となっているとも考えられる。

他の理由として、実験期間が僅か1週間であったことも一因といえる。長期間にわたり静電型空気清浄装置を運転させた場合には、ある程度の効果、特にアレルギー性もしくは喘息の子供に対しては一定の効果が期待される。

その一方で、大気中の粒子の効果に対する研究では、空気中の粒子濃度が上昇した場合に迅速に健康影響が現れるとの報告があり、特に内科

教室の外気導入量

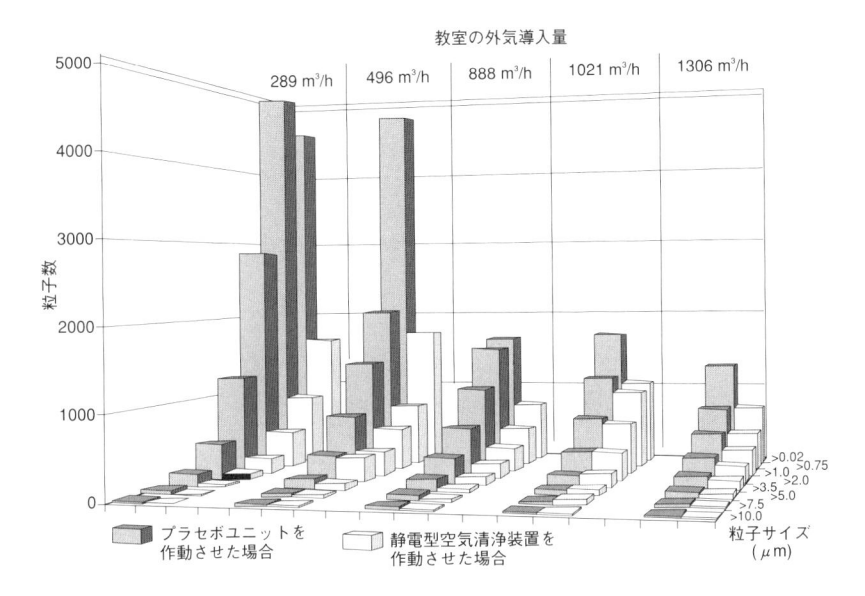

図3 生徒不在時に静電型空気清浄装置を運転した場合、もしくはプラセボ効果のみの場合の教室内粒子濃度と教室に対する外気導入量

的疾患を患ったことのある高齢者には顕著な傾向であるとされている（Dominici ら[96]）。

今回の実験では、静電型空気清浄装置を設置した場合に短期的な学習効率改善の効果は現れなかったが、空気清浄装置による粒子除去と健康や学習効率に与える影響に関する課題に対しては継続的な検討が必要であり、将来的にも重要な課題である。

7. 教室での学習効率が環境の影響を受けるメカニズムに関する考察

教室内の温度が学習効率に与える影響は、熱的な不快に起因する集中力欠如（イライラ）と相対的に室内空気質が低く知覚されることに起因する可能性がある。

これは冷房機器が設置された教室で、冷房運転が実施されていない場合に子供が有意に暖かい側の申告をするとともに、PMV評価も同様の

結果となったことや、温度設定が高い場合に教室内の空気質を低く評価するという研究報告例（Fangら[107]）からも明らかといえる。

こういったメカニズムの存在は、室温が知的生産性に与える影響を検討した既往研究によっても示唆されており、最近になってWyonとWargocki[85]によって詳細なレビューが報告されている。

外気導入量を増加させた場合に見られる効果は、室内空気質の改善に起因するものと推察される。それゆえ、今回の調査では人体由来の汚染物質レベル（その代表として二酸化炭素濃度）が低下し、子供による空気の清涼感に関する知覚が向上するという結果となっている。

建材や室内の什器から放散される汚染物質の濃度は、換気量を高く設定することで相対的に低く制御されており、そのことは空室状態で行った知覚空気質評価によっても確認されている。この考察は、人体由来の汚染物質のみでなく、建材自体や什器から放散される汚染物質も合計した量が教室全体としての汚染物質強度を形成する、との前提に立つものである。

今回の実験では、教室に対する外気導入量が増加することで教室における生徒の学習効率が改善するという結果が得られており、換気量を増加させることで、同様に粒子濃度やガス状汚染物質濃度も低下する。その一方で、静電型空気清浄装置を運転した場合に、教室環境中の粒子濃度は有意に低減するが、この場合には学習効率に与える有意な影響は見られない。

このことから、空気質が学習効率に与える影響は主にガス状汚染物質によってもたらされると推察することもできる。静電型空気清浄装置を運転して教室空気を循環させた場合、若干のガス状汚染物質が空気清浄機内部の吸着プレート状に吸着除去されるものの、大部分の組成は大きく変化しないと考えられる。

ガス状汚染物質が知的生産性に影響を与えるとの仮説は、今後のさらなる研究で検証していく必要があるが、実験室内での模擬的なオフィス

作業を対象とした場合、建材や什器、オフィス機器から放散される化学物質によって室内濃度が上昇した場合に、知的生産性に有意に影響を与えるとの報告例があることを明記しておく(Bakó-Biróら[108])。

これは、汚染空気の存在により仕事に対するモチベーションが低下し、それに対応して代謝率が低下した結果、もしくは汚染空気を吸引することで肺内部でのガス交換効率が低下するという生理作用の結果に起因する作用と推察される。後者のメカニズムは血液中の二酸化炭素濃度を上昇させる結果となり、これは頭痛の原因となる。

オフィスにおける静電型空気清浄装置を用いた研究事例では、Skulbergら[91]が、空気清浄装置もしくはプラセボ作用を意図したユニットを運転することでオフィスワーカーの自覚症状が軽減されることを報告している。

しかし、Skulbergらが用いた空気清浄装置とプラセボユニットともに活性炭フィルターが装着されており、空気清浄装置の運転の有無に関わらず、どちらの設定条件でもガス状汚染物質の濃度は低下している。結局のところ、彼らの研究による知見は、粒子状物質と比較して、ガス状汚染物質が相対的に学習効率に与える影響が大きいという仮説と整合することとなる。

上述の議論の他に、室温を低下させた場合もしくは換気量を増加させた場合の学習効率改善効果を説明可能なメカニズムに関する情報はなく、より深い考察を行うためには今後のさらなる研究の推進が必要である。

まとめ

本章では小学校の子供たちを対象とした、教室環境と学習効率に関す

る実験の結果を紹介した。得られた知見を以下に示す。

(1) 教室の室内環境の質は、学習プロセスを考える上で影響度の高い重要な要素であり、学習教材の改善や教授方法の改善といった要素と同じように優先事項の高いものであることが確認された。
(2) これまでは教室の環境が学習効率に影響を与えるという直接的な証拠がないために、教室環境の重要性が軽視されてきた傾向がある。そのために、成人が働くオフィス環境と比較して教室環境が劣悪な場合が多いという現状につながっている (Daisey ら[64]、EFA[70])。
(3) 教室環境が児童の学習効率に与える影響の程度は、オフィス作業における成人の知的生産性に与える影響と比較して、より大きいといえる (Wyon and Wargocki[78], [85])。これは、子供は環境条件に対して感受性が高いことが原因の一つではあると考えられるが、成人と子供の間に見られる相違は、成人を対象とした場合には仕事上の締め切りの問題や、仕事の達成、上司の指示にしたがう必要性といった、室内環境のネガティブな効果を打ち消そうと努力する要因が作用することも一因といえる。
(4) 全体的な学習プロセスに着目した場合、学習効率に与える室内環境の重要性を、学業を模擬した単純なタスクを用いるという方法で十分に解明されたという訳ではないものの、少なくとも子供たちが与えられた試験やタスクを迅速にこなすことができるということは、より多くの時間を他の勉強や余暇、その他の学校での活動に振り向けることができるということを意味し、長い目でみれば長期的な学習プロセス改善の期待につながるものと考えられる。
(5) 教室に対する外気導入量を増加するという方法は、室内空気質を改善する強力な手段であるが、外気導入量の増加はエネルギー消費量の増大を意味する[109], [110]。その結果、エネルギー消費量を増加させずに、もしくはエネルギー使用量を低下させながら室内空気質を改善す

るための代替法を考案すべきであり、たとえば、化学物質低放散型の建材を使用するといった汚染源制御や、吸着建材や空気清浄装置といった部分的な換気の代替法となりうる空気清浄技術の導入等も検討すべきである[111]。

(6) 今回の実験では、冷房装置を導入することで教室の温度を低下させたが、室温を低下させることは、他の方法によっても達成することができる。たとえば、日射遮蔽用のブラインドを使用するといった方法も考えられる。これは昼光量すなわち日射量を制限することとなるが、これ自体、知的生産性に影響を与える要素であることが知られており、包括的な検討が必要である (Heschong Mahone Group[112])。

(7) セントラル方式による空調方式は、定期的なメンテナンスが不足することで、負の健康影響を引き起こすことがある。これはオフィスで働く成人を対象とした研究によって明らかにされている (Seppänen and Fisk[113])。しかし、Wargockiら[110] によって指摘されているように、これまでの多くの研究は夏期に実施されておらず、知的生産性研究において、空調機器による熱除去の効果が過小評価されているという問題もある。このような理由により、子供の学習効率に影響を与える教室の温度上昇を防ぐ方法をさらに検討していく必要性は高い。

今回紹介した実験結果は、気象条件や教室環境、教育レベルや教育方法が類似した他の先進国において同様の実験を実施することで、さらなる一般化、標準化が可能であると考えている。

学校での教育環境を改善することは、ほとんどの国々において最も優先度の高い課題であり、本編で紹介した実験結果は、教育施設の室内環境の質を改善するといった方法で、教育効率や学習効率を改善していくための強いインセンティブを与えるものと考えている。

おわりに

本書出版の背景

　教室の学習効率は、その重要性にも拘わらず定量的研究が極めて少なく、世界に目を向けても本書で紹介するもの以外殆ど見つけることはできない。この問題の重要性を広く社会に発信することが大切で、ここに本書刊行の意義があると考える。

　本書の第1、2編は、著者の一人である村上周三が慶應義塾大学理工学部在職中に行った研究を基礎として、わかりやすく再編集したものである。本書の中核となる第2編の研究はすべて共著者の伊藤一秀氏と共同で実施され、また多くの研究が大成建設株式会社、技術センターとの共同で行われた。

　筆者は兼ねてから、本書の第1編で述べた知的生産性研究の重要性を強く意識し、2004年に同好の士と語らって、空気調和・衛生工学会にこの問題に関する研究委員会を立ち上げた。これが日本の建築環境・設備分野における知的生産性研究の旗揚げとなった。本書の主題である教室の学習効率の研究もこの流れに沿うものである。

　当時筆者の研究室に在籍した学生から教室における学習効率の研究をしたいという希望が出され、この目的に協力してくれる教育の現場を探し始めた。現在もそうであるが、学習効率に関する研究に協力してくれる教育の現場を探すことは、当時も困難を極めた。研究対象を探りあぐねて困り果てていた時、たまたま畏友仙田満氏のアドバイスを得て日建学院に巡り会った。同学院の西生一次氏、井澤真悟氏らの全面的なご協力を得、同学院の教室・教材などを利用して教育現場における研究を進

めることができることになった。

　本文でも繰り返し述べたように、同学院のDVDを利用する再現性の高い講義形式、完備した確認テストシステム、さらに質の揃った被験者群としての一級建築士を目指す受験生等のおかげで、学習効率に関して世界でも類を見ない質の高い定量的データを得ることができた。その結果、学習効率という捉えにくい内容が本書で紹介されたように明確に分析され、世界的にも高い評価を得るに至った。筆者が本書を刊行することを思い立ったのは、ひとえに同学院での研究を通して得られた貴重なデータを、広く教育関係の人たちに知ってもらいたいと願ったからである。

　第3編のご執筆をお願いしたポール　ワルゴッキ氏とは、同氏がデンマーク工科大学の大学院生であったころからのおつき合いである。同氏は小学校の学習効率に関して、近年めざましい業績を上げている俊英である。ヨーロッパを中心とした海外の研究の紹介もかねて、同氏に研究の解説をお願いした。デンマーク工科大学では、ワルゴッキ氏の恩師であり、筆者も限りなく敬愛し、伊藤一秀氏もそのご指導を得た故オーレ ファンガー教授が知的生産性を含め世界の環境研究をリードしてきた。本書の誕生もファンガー先生の薫陶に負うところ大である。先生の墓前に本書を捧げたいと考える。

謝　辞

　本書で紹介した研究は、多くの人たちとの共同研究や多くの方々のご尽力のおかげで成し遂げられたものである。以下に、村上、伊藤、ワル

191

ゴッキの著者3人の立場から、お世話になった方々に対し、記して感謝の気持ちを表したいと考える。

　前述のように本書で紹介した内容は、筆者らがこれまでに発表してきた一連の論説や学術論文が基礎となっている。共同研究者として筆者らとともに研究を進めてきた慶應義塾大学村上研究室スタッフの原祥子氏(当時)、金子隆昌氏(当時)、亀田健一氏、大成建設技術センターの深尾仁氏、樋渡潔氏、森川泰成氏に哀心より感謝申し上げる。特に、亀田健一氏には研究の実施から本書の編集に至るまで幅広いご協力を得た。

　第2編で紹介した実験室実験は、大成建設技術センター内の空調システム実験室において実施したものである。実験室の環境調整から実験実施に至るまで、技術センターのスタッフの方々から多大のご支援を頂いた。

　デンマーク工科大学のDavid Wyon教授には、海外の研究動向と最新の研究事例を解説する第3編の執筆にご協力頂いた。紹介した実験は、ASHRAE (米国暖房冷凍空調学会) による委託研究「室内環境が子供の学習効率に与える影響」として実施されたものであり、また研究の一部はスウェーデン助成交付機関であるAAFF、ならびにデンマーク科学技術研究会議STVFからの助成によって実施したものである。

　本書で紹介した研究成果や考察に関しては、(社)空気調和・衛生工学会ワークプレイス・プロダクティビティ研究小委員会ならびに(社)日本建

築学会 ワークプレイス・プロダクティビティ研究小委員会において議論し、様々な有益なご助言を頂いた。委員会メンバーの川瀬貴晴教授 (千葉大学)、秋元孝之教授 (芝浦工業大学)、加藤信介教授 (東京大学)、近藤靖史教授 (武蔵工業大学)、杉浦敏浩氏 (日建設計)、高井啓明氏 (竹中工務店)、田辺新一教授 (早稲田大学)、西原直枝氏 (早稲田大学)、樋渡潔氏 (大成建設)、松縄堅氏 (日建設計)、柳原隆司氏 (東京電力) には記して深甚なる謝意を示す。

　実測による現地調査、ならびに全国の施設を対象としたアンケート調査は、日建学院の全面的なご協力なしに実施することは不可能であった。筆者らが学習効率に関する研究を始めた当初より、建築資料研究社・日建学院の西生一次氏、井澤真悟氏からは多大なご協力ならびにご支援を頂いた。また、出版の企画・編集に際しては、建築資料研究社の種橋恒夫氏、島崎安功氏、編集者の渡辺悟氏の多大なご協力を得た。

　本書の出版に際してご協力頂いた方々に、ここに記して重ねて深甚なる謝意を表する次第である。

村上周三　記

参考文献リスト

1) 例えばWargocki, P. and D. P. Wyon. 2006. "Effects of HVAC On Student Performance." *ASHRAE Journal*, Oct. 2006 Vol. 48, pp23-28
2) 村上周三：知的生産性研究の展望、空気調和・衛生工学 第81巻第1号、pp.3-8、2007.1
3) Shuzo Murakami, Productivity in Work Place, Proceeding of International Symposium on Current and Future Status of Productivity Research in Office Space , April 12, 2005, Kenchiku- Kaikan Hall
4) Guzzo, R.A. and Bondy J. S.：A guide to productivity experiments in the United States 1976-1981(Pergamon, New York), 1983
5) Pawel Wargocki, David P. Wyon and P. Ole Fanger：POLLUTION SOURCE CONTROL AND VENTILATION IMPROVE HEALTH, COMFORT AND PRODUCTIVITY, Proceedings of the Third International Conference on Cold Climate Heating, Ventilating and Air-Conditioning, pp445-450, 2000.11
6) Olli Seppänen, William J. Fisk：A Model to Estimate the Cost-Effectiveness of Improving Office Work through Indoor Environmental Control, Proceedings of ASHRAE, 2005.8
7) S Tanabe：PRODUCTIVITY AND INDOOR CLIMATE, Proceedings of Indoor Air 2005, pp56-64, 2005.9
8) M. J. Mendell, and G. A. Heath：Do indoor pollutants and thermal conditions in schools influence student performance? A critical review of the literature, Indoor Air, Vol.15 (1), pp27-52, 2005.1
9) 西原直枝、田辺新一：中程度の高温環境下における知的生産性に関する被験者実験、日本建築学会環境系論文集No.568、pp.33-39、2003.6
10) 橋本哲, 寺野真明, 杉浦敏浩, 中村政治, 川瀬貴晴, 近藤靖史：室内環境の改善によるプロダクティビティ向上に関する調査研究、空気調和・衛生工学会論文集、No.93, pp67-76、2004.4
11) 小林弘造、北村規明、田辺新一、西原直枝、清田修、岡卓史：コールセンターの室内環境が知的生産性に与える影響、空気調和・衛生工学会学術講演大会論文集、pp2053-2056、2005.9
12) 羽田正冲、西原直枝、田辺新一、知的生産性によるオフィスの温熱環境の経済的影響評価、日本建築学会大会学術講演梗概集、pp.455-458、2006.9
13) Shuzo Murakami, Takamasa Kaneko, Kazuhide Ito, Hitoshi Fukao：Study on the Productivity in Classroom (Part1) Field Survey on Effects of Air Quality/Thermal Environment on Learning Performance：Healthy Building 2006,

Lisboa, 4-8 June 2006, pp 271-276 (Proceedings I)
14) Kazuhide Ito, Shuzo Murakami, Takamasa Kaneko, Hitoshi Fukao : Study on the Productivity in Classroom (Part 2) Realistic Simulation Experiment on Effects of Air Quality/Thermal Environment on Learning Performance : Healthy Building 2006, Lisboa, 4-8 June 2006, pp 207-212 (Proceedings III)
15) Derek Clements-Croome, Environment and the Productive Workplace, Challenges and Opportunities for Building Services in the 21st Century, November 15, 2005, Joint Symposium HKIE, ASHRAE, CIBSE New Challenges in Building Services Hong Kong
16) N.P.Sensharma and J.E.Woods : An Extension of a Rational Model for Evaluation of Human Responses, Occupant Performance, and Productivity, Healthy Buildings 2000, Workshop 9, Espoo, Finland, 2000
17) 中分毅：ストック時代の価値創出―ファシリティマネジメントの立場から、建築雑誌、2006年10月号、pp.24-27
18) Chad B. Dorgan, Charles E. Dorgan, Marty S. Kanarek Alexander J. Willman : Health and Productivity Benefits of Improved Indoor Air Quality, ASHRAE Transaction Vol.104 PART1A(1998)
19) D.P. Wyon : The effects of indoor air quality on performance and productivity, Indoor Air 2004 : 14 (Suppl 7) :, pp.92-101
20) WILLIAM J. FISK AND ARTHUR H. ROSENFELD : Estimates of Improved Productivity and Health from Better Indoor Environments, Indoor Air 1997, vol.7, pp.158-172, 1997.9
21) Olli Seppänen, William J. Fisk, David Faulkner : Control of Temperature for Health and Productivity in Offices, Proceedings of ASHRAE, 2005.8
22) P.Wargocki, R.Djukanovic : Simulations of Potential Revenue from Investment in Improved Indoor Air Quality in an Office Building, Proceedings of ASHRAE, 2005.8
23) 内田匠子、亀田健一、村上周三、伊香賀俊治、林立也：クールビズを実践するオフィスにおける扇風機の気流が作業効率に及ぼす影響、日本建築学会大会学術講演会論文集、pp.1169-1170、2007.8
24) Pawel Wargocki, David P. Wyon, Baik, Y.K. et al.: Perceived air quality, Sick Building Syndrome(SBS) symptoms and productivity in an office with two different pollution loads, 1999, Indoor Air 1999, 9, pp.165-179
25) Pawel Wargocki, David P. Wyon ,Jan Sundell, Geo Clausen and P. Ole Fanger: The Effects of Outdoor Air Supply Rate in an office on Perceived Air Quality, Sick Building Syndrome (SBS) Symptoms and Productivity, Indoor Air, pp222-236, 2000.10

26) Lagercrantz, L., Wistrand, M., Willen, U. et al. Negative impact of air pollution on productivity repeated in new Swedish test room, 2000, Proceedings of Healthy Buildings 2000
27) Pawel Wargocki, David P. Wyon and P. Ole Fanger: The performance and subjective responses of call-center operators with new and used supply air filters at two outdoor air supply rates, Indoor Air 2004, pp. 7-16, 2004.12
28) 堤仁美、田辺新一、Lei Fang、David P. Wyon、P. Ole Fanger：オフィス空間における在室者の乾燥感に関する研究（その12）清浄空気環境での超低湿度が快適性・知的生産性に及ぼす影響に関する被験者実験、日本建築学会大会学術講演梗概集、pp.529-530、2005
29) 橋本哲，寺野真明，杉浦敏浩，中村政治，川瀬貴晴，近藤靖史：室内環境の改善によるプロダクティビティ向上に関する調査研究（第5報）標準的なプロダクティビティ測定評価方法の要件についての考察、空気調和・衛生工学会学術講演大会論文集、pp633-636、2004.9
30) Mayo, E: The social problems of an industrial civilization (Harvard University School of Business, Cambridge, MA), 1945
31) 岩下剛、花田良彦、合原妙美：室温の違いが作業効率に及ぼす影響、日本建築学会環境系論文集、No.585、pp.55-60、2004.11
32) 秋元孝之、松田順平、西原直枝、田辺新一：個人制御による非等温タスク空調が熱的快適性・知的生産性に与える影響、日本建築学会環境系論文集、No.582、pp.75-82、2004.8
33) 金子隆昌、村上周三、伊藤一秀、深尾仁：学習環境におけるプロダクティビティ向上に関する研究(その1) 現地実測による温熱・空気環境の質が学習効率に及ぼす影響の検討、日本建築学会環境系論文集、No.606、pp43-50、2006.08
34) 金子隆昌、村上周三、伊藤一秀、深尾仁：学習環境におけるプロダクティビティ向上に関する研究(その1)室内環境の質と学習効率の関係に関する予備的実測、建築学会関東支部研究報告集、pp533-536、2005.3
35) 金子隆昌、村上周三、伊藤一秀、深尾仁：学習環境におけるプロダクティビティ向上に関する研究(その6)現地実測による温熱・空気環境の質が学習効率に及ぼす影響の検討、空気調和・衛生工学会学術講演論文集、2005.8
36) 金子隆昌、村上周三、伊藤一秀、深尾仁：学習環境におけるプロダクティビティ向上に関する研究(その8)温熱・空気環境の質が学習効率に及ぼす影響に関する現地実測、日本建築学会大会学術講演梗概集、2006.9
37) 内田匠子、金子隆昌、村上周三、伊藤一秀、亀田健一、深尾仁、樋渡潔：学習環境におけるプロダクティビティ向上に関する研究(その12) 現地実測ならびに実験室実験の学習効率に関する整合性の検討、空気調和・衛生工学会学術講演論文集、2006.9
38) 亀田健一、金子隆昌、村上周三、伊藤一秀、深尾仁：学習環境におけるプロダクティビティ向上に関する研究(その13) 学習意欲、学習効率に対する温熱環境の影響に関する現地実測、空気調和・衛生工学会学術講演論文集、2006.9

39) 亀田健一、金子隆昌、村上周三、伊藤一秀、深尾仁：学習環境におけるプロダクティビティ向上に関する研究(その14) 温熱環境が学習意欲・効率に及ぼす影響に関する現地実測、建築学会関東支部研究報告集、2007.3

40) Wyon, D.P. The mental performance of subjects clothed for comfort at two different air temperatures, Ergonomics, 18, 359-374, 1975

41) 寺野真明、橋本哲、杉浦敏浩、増田弘子、中村政治、近藤靖史、川瀬貴晴：室内環境の改善によるプロダクティビティ向上に関する調査研究（第6報）標準的な主観評価票に関する提案、空気調和・衛生工学会学術講演大会論文集、pp637-640、2004.9

42) 空気調和・衛生工学会規格：SHEASE-S116-2003トレーサーガスを用いた単一空間の換気量測定方法、2004.4

43) ISO-7730 : Moderate thermal environments — Determination of the PMV and PPD indices and specification of the conditions for thermal comfort, (1984)

44) Pawel Wargocki：INDOOR AIR QUALITY EFFECTS ON OFFICE WORK, Proceeding of International Symposium on Current and Future Status of Productivity Research in Office Space, Kenchiku- Kaikan Hall, pp39-65, 2005.4

45) Pawel Wargocki, David P. Wyon ,Yong K. Baik, Geo Clausen and P. Ole Fanger：Perceived Air Quality, Sick Building Syndrom(SBS) Symptoms and Productivity in an Office with two Different Pollution Loads, Indoor Air, 1999.9

46) K.W. Tham and H.C. Willem：Temperature and Ventilation Effects on Performance and Neurobehavioral-Related Symptoms of Tropically Acclimatized CallCenter Operators Near Thermal Neutrality, Proceedings of ASHREA, 2005.8

47) 金子隆昌、村上周三、伊藤一秀、深尾仁、樋渡潔、亀田健一：学習環境におけるプロダクティビティ向上に関する研究(その2) 実験室実験による温熱・空気環境の質が学習効率に及ぼす影響の検討、日本建築学会環境系論文集、No.611、pp45-52、2007.01

48) 原祥子、村上周三、金子隆昌、伊藤一秀、深尾仁、樋渡潔：学習環境におけるプロダクティビティ向上に関する研究(その2)温熱・空気環境の質が学習効率に及ぼす影響に関する被験者実験、建築学会関東支部研究報告集、pp537-540、2005.3

49) 原祥子、村上周三、金子隆昌、伊藤一秀、深尾仁、樋渡潔：学習環境におけるプロダクティビティ向上に関する研究(その3)被験者実験による温熱・空気環境の質が学習効率に及ぼす影響の検討、建築学会関東支部研究報告集、pp541-544、2005.3

50) 金子隆昌、村上周三、伊藤一秀、深尾仁：学習環境におけるプロダクティビティ向上に関する研究(その4)教室における温熱・空気環境が学習効率に及ぼす影響の被験者実験、日本建築学会大会学術講演梗概集、2005.9

51) 原祥子、村上周三、金子隆昌、伊藤一秀、深尾仁、樋渡潔：学習環境におけるプロダクティビティ向上に関する研究(その5)被験者実験による教室における学習効率に関する主観-客観評価の詳細分析、日本建築学会大会学術講演梗概集、2005.9

52) 亀田健一、金子隆昌、村上周三、伊藤一秀、深尾仁、樋渡潔：学習環境におけるプロダクティビティ向上に関する研究(その7)被験者実験による温熱・空気環境の質が学習意欲ならびに学習効率に及ぼす影響の検討、建築学会関東支部研究報告集、2006.3

53) 内田匠子、亀田健一、金子隆昌、村上周三、伊藤一秀、深尾仁、樋渡潔：学習環境におけるプロダクティビティ向上に関する研究(その9)温熱・空気環境の質が学習意欲,効率に及ぼす影響に関する被験者実験、日本建築学会大会学術講演梗概集、2006.9

54) 亀田健一、金子隆昌、村上周三、伊藤一秀、深尾仁、樋渡潔：学習環境におけるプロダクティビティ向上に関する研究(その10)被験者実験による学習意欲,効率の評価分析、日本建築学会大会学術講演梗概集、2006.9

55) 金子隆昌、村上周三、亀田健一、伊藤一秀、深尾仁、樋渡潔：学習環境におけるプロダクティビティ向上に関する研究(その11) 温熱・空気環境の質が学習効率に及ぼす影響に関する実験室実験、空気調和・衛生工学会学術講演論文集、2006.9

56) 亀田健一、村上周三、伊藤一秀、深尾仁、樋渡潔：学習環境におけるプロダクティビティ向上に関する研究(その15) 実験室実験による学習効率に対する温熱環境の影響、日本建築学会大会学術講演梗概集、pp.1165-1166、2007.8

57) 金子隆昌、亀田健一、村上周三、伊藤一秀：学習環境におけるプロダクティビティ向上に関する研究(その16) 全国アンケートによる温熱・空気環境の質が学習意欲、効率に及ぼす影響、日本建築学会大会学術講演梗概集、pp.1167-1168、2007.8

58) Ken-ichi Kameda, Shuzo Murakami, Kazuhide Ito, Takamasa Kaneko：Study on Productivity in the Classroom (Part 3) Nationwide Questionnaire Survey on the Effects of IEQ on Learning Performance, Proceedings of CLIMA 2007, Helsinki, Finland, on CD-ROM

59) 亀田健一、村上周三、金子隆昌、伊藤一秀、深尾仁、樋渡潔：学習環境におけるプロダクティビティ向上に関する研究(その17) 学習意欲の影響を考慮した学習効率の評価方法の提案、空気調和・衛生工学会学術講演論文集、2007.9

60) Ken-ichi Kameda, Shuzo Murakami, Takamasa Kaneko, Kazuhide Ito, Kiyoshi Hiwaashi：Study on Productivity in the Classroom (Part 4) Effects of Indoor Environmental Quality on Motivation and Performance for Learning, Proceedings of IAQVEC 2007, Sendai, Japan, in press

61) 菊池世欧啓、小林信行、伊藤一秀：オフィス空間を対象とした規準化居住域濃度に関する研究(第3報) 外気導入量の最適化と年間エネルギー消費量の解析：日本建築学会環境系論文集、No. 582、2004.8, pp 53-60

62) Smedje, G. and Norbäck, D. (2000) "New ventilation systems at select schools in Sweden-effects on asthma and exposure", *Archives of Environmental Health*, 55：18-25.

63) Angell, W.J., Daisey, J. (1997) "Building factors associated with school

indoor air quality problems : A perspective" *Proceedings of Healthy Buildings/IAQ '97*, Washington DC, Vol. 1, 143-148. Virginia Polytechnic Institute and State University.

64) Daisey, J., Angell, W.J. and Apte, M.G. (2003) "Indoor air quality, ventilation and health symptoms in schools: an analysis of existing information", *Indoor Air*, 13, 53-64

65) Dijken, F.V., Bronswijk, J.V. and Sundell, J. (2005) "Indoor environment in Dutch primary schools and health of the pupils", In Yang, X., Zhao, B. and Zhao, R. (eds) *Proceedings of Indoor Air 2005*, Beijing, China, Tsinghua University Press, Vol. I(1), pp. 623-627.

66) ASHRAE(2004) *ASHRAE Standard 62.1-2004, Ventilation for acceptable Indoor Air Quality*, American Society of Heating, Refrigerating and Air-Conditioning Engineers, Inc., Atlanta

67) Danish Housing and Building Agency (1995) *Building Regulations*, Danish Ministry of Housing, Copenhagen, Denmark.

68) Sowa, J. (2002) "Air quality and ventilation rates in schools in Poland — requirements, reality and possible improvements", In : *Proceedings of Indoor Air 2002*, Monterey, CA, USA, 2, 68-73.

69) Boxem, G., Joosten, L., Bruchem, M.v. and Zeiler, W. (2006) "Ventilation of Dutch schools; an integral approach to improve design", In : Schwarzer, J. and Lain, M. (eds) *Proceedings of 17th Air-conditioning and Ventilation Conference 2006*, Prague, Czech Republic, Society of Environmental Engineering, pp. 31-36.

70) EFA, (2001) Indoor Air Quality in Schools. European Federation of Asthma and Allergy Associations, Helsinki, Finland.

71) Simoni M., Annesi-Maesano, I., Sigsgaard, T., Norbäck, D, Wieslander, G., Lystad, W., Canciani, M., Viegi, G. and Sestini, P. (2006) " Relationships between school indoor environment and respiratory health in children of five European countries (HESE study), Proceeding of ERSAnnual Meeting, Munich, Germany, Abstract 4833.

72) Eriksson, B.E., Mandorff, S. and Boysen, A. (1967) Lärare bedömer klassrumsklimatet—en enkät undersökning. ("Teachers Opinions of Classroom Climate—a questionnaire survey", in Swedish). BFR Report 31:1967, 52p. Stockholm: Building Research Council.

73) Myhrvold, A.N., Olsen, E. and Lauridsen, Ø. (1996) "Indoor environment in schools—Pupils' health and performance in regard to CO_2 concentration". In : Yoshizawa, S., Kimura, K., Ikeda, K., Tanabe, S. and Iwata, T. (eds) *Proceedings of*

Indoor Air '96, Nagoya, The 7th International Conference on Indoor Air Quality and Climate, Vol. 4, pp. 369-374.

74) Pilotto, L.S., Douglas, R.M., Attewell, R.G. and Wilson S.R. (1997) "Respiratory effects associated with indoor nitrogen dioxide exposure in children", *International Journal of Epidemiology*, 26(4), 788-796.

75) Berner, M.(1993) "Building conditions, parental involvement, and student achievement in the District of Columbia public school system", *Urban Education*, 28(1), 6-29.

76) Shaughnessy, R.J., Haverinen Shaughnessy, U., Nevalainen, A. and Moschandreas, D. (2006) "A preliminary study on the association between ventilation rates in classrooms and student performance", Indoor Air, 16(6), 465-468.

77) Bakó-Biró, Z. Kochhar, N., Clements-Croome, D.J., Awbi, H.B. and Williams, M. (2007) "Ventilation rates in schools and learning performance", Proceedings of CLIMA 2007, Helsinki, Finland, on CD-ROM.

78) Wyon, D. and Wargocki, P. (2006b) "Indoor air quality effects on office work", In: Clements-Croome, D. (ed.) *Creating the Productive Workplace* Second Edition,, 193-205, Taylor & Francis, London.

79) Schoer, L. and Shaffran, J. (1973) "A combined evaluation of three separate research projects on the effects of thermal environment on learning and performance", ASHRAE Transactions, 79, 97-108.

80) Wyon, D.P. (1970) Studies of children under imposed noise and heat stress. Ergonomics, 13 (5), 598-612

81) Holmberg, I. and Wyon, D.P. (1969) The dependence of performance in school on classroom temperature. Educational and Psychological Interactions, 31, 20p. Malmö, Sweden: School of Education

82) Holmberg, I. and Wyon, D.P. (1972) Systematic observation of classroom behaviour during moderate heat stress. Educational and Psychological Interactions, 37, 18p. Malmö, Sweden : School of Education

83) Ryd, H. and Wyon, D.P. (1970) Methods of evaluating human stress due to climate. National Swedish Institute for Building Research, Document D6/70, 42p. Stockholm : Building Research Council

84) Wyon, D.P. (1969) The effects of moderate heat stress on the mental performance of children. National Swedish Institute for Building Research, Document D8/69, 83p. Stockholm: Building Research Council

85) Wyon, D. and Wargocki, P. (2006a) "Room temperature effects on office work",

In: Clements-Croome, D.(ed.) *Creating the Productive Workplace* Second Edition,, 181-192, Taylor & Francis, London.

86) Mattsson, M. and Hygge, S. (2005) "Effect of articulate air cleaning on perceived health and cognitive performance in school children during pollen season", In Yang, X., Zhao, B. and Zhao, R. (eds) Proceedings of Indoor Air 2005, Beijing, China, Tsinghua University Press, Vol. I(2), 1111-1115

87) Mattsson, M, Stojanovic, B. and Elfman, L. (2004) "Effect of particulate air cleaners on the content of airborne dust and cat allergen in classrooms", In: Gameiro da Silva, M.C. (ed.) Proceedings of Roomvent 2004, Faculty of Science and Technology, University of Coimbra, Portugal (on CD-ROM).

88) Schneider, T., Sundell, J., Bischof, W., Bohgard, M., Cherrie, J.W., Clausen, P.A., Dreborg, S., Kildesø, J., Kjærgaard, S.K., Løvik, M., Pasanen, P. and Skyberg, K. (2003) ""EUROPART". Airborne particles in the indoor environment. A European interdisciplinary review of scientific evidence on associations between exposure to particles in buildings and health effects", Indoor Air, 13, 38-48.

89) Croxford, B., Tham, K.W., Young, A., Oreszczyn, T. and Wyon, D.P. (2000) "A study of local electrostatic filtration and main pre-filtration on airborne and surface dust levels in air-conditioned office premises", Indoor Air, 10, 170-177.

90) Wyon, D.P., Tham, K.W., Croxford, B., Young, A. and Oreszczyn, T.(2000) "The effects on health and self-estimated productivity of two experimental interventions which reduced airborne dust levels in office premises", In: Seppänen, O. and Säteri, J. (ed.) Proceedings of Healthy Buildings 2000, Helsinki, Finland, Vol. 1, pp. 641-646.

91) Skulberg, K.R., Skyberg, K., Kruse, K, Eduard, W., Levy, F., Kongerud, J. and Djupesland, P. (2005) "The effects of intervention with local electrostatic air cleaners on airborne dust and the health of office employees", Indoor Air, 15, 152-159.

92) Rosen, K.G. and Richardson, G. (1999) "Would removing indoor air particulates in children's environments reduce rate of absenteeism--a hypothesis", *Science of the Total Environment*, 234(1-3), 87-93.

93) Fromme, H., Lahrz, T., Hainsch, A., Oddoy, A., Piloty, M. and Ruden, H. (2005) "Elemental carbon and respirable matter in the indoor air of apartments and nursery schools and ambient air in Berlin (Germany)", Indoor Air, 15, 335-341.

94) Peters, A., Wichmann, H.E., Tuch, T., Heinrich, J. and Heyder, J. (1997) "Respiratory effects are associated with the number of ultrafine particles", American Journal of Respiratory and Critical Care Medicine, 155(4), 1376-1383.

95) Hartog, J.J.de, Hoek, G., Peters, A., Timonen, K.L., Ibald-Mulli, A., Brunekreef, B., Heinrich, J., Tiittanen, P., Wijnen, J.H.van, Kreyling, W., Kulmala, M. and Pekkanen, J. (2003) "Effects of fine and ultrafine particles on cardiorespiratory symptoms in elderly subjects with coronary heart disease", American Journal of Epidemiology, 157, 613-623.

96) Dominici, F., Peng, R.D., Bell, M.L., Pham, M.S., McDermott, A., Zeger, S.L. and Samet, J.M. (2006) "Fine particulate air pollution and hospital admission for cardiovascular and respiratory diseases", Journal of American Medical Assocciation, 295(10), 1127-1134.

97) NRC (2004) US National Research Council Committee on Research Priorities for Airborne Particulate Matter; IV Continuing Research Progress. Washington, DC: National Academies Press.

98) Ward, D.J. and Ayres, J.G. (2004) "Particulate air pollution and panel studies in children: a systematic review", Occupational and Environmental Medicine, 61, 12p (electronic paper: oem.2003.007088)

99) Moshammer, H, Hutter, H.P., Hauck, H. and Neuberger, M. (2006) "Low levels of air pollution induce changes of lung function in a panel of schoolchildren", . European Respiratory Journal, 27(6), 1138-1143.

100) Wargocki P. and Wyon, D.P. (2007a) "The effects of outdoor air supply rate and supply air filter condition in classrooms on the performance of schoolwork by children (1257-RP)", HVAC&R Research, 13(2), 165-191.

101) Wargocki P. and Wyon, D.P. (2007b) "The effects of moderately raised classroom temperatures and classroom ventilation rate on the performance of schoolwork by children (1257-RP)" HVAC&R Research, 13(2), 193-220.

102) Wargocki P., Wyon, D.P., Lynge-Jensen, K. and Bornehag, C-G. (2007) "The effects of electrostatic filtration and supply air filter condition in classrooms on the performance of schoolwork by children (1257-RP)", HVAC&R Research, submitted.

103) Baddeley, A.D. (1968) "A 3-min. reasoning test based on grammatical reasoning", Psychonomic Science, 10, 341-342.

104) McIntyre, D.A. (1980) *Indoor Climate*, Applied Science Publishers LTD, London.

105) Török,V. and Loreth, A. (1993) "Novel disposable cellulose cartridge for electrostatic air cleaning", In : Seppänen, O., Ilmarinen, R., Jaakkola, J.J.K., Kukkonen, E., Säteri, J. and Vuorlema, H. (ed.) Proceedings of Indoor Air '93, Helsinki, Finland, Vol. 6, pp. 475-480.

106) Berge, M., Munir, A.K. and Dreborg, S. (1998) "Concentrations of cat (Fel d 1) and mite (Der f 1 and Der p 1) allergens in the clothing and school environment of Swedish schoolchildren with and without pets at home", Pediatric Allergy and Immunology, 103 (6), 119-126.
107) Fang, L., Clausen, G. and Fanger, P.O. (2000) "Temperature and humidity : important factors for perception of air quality and for ventilation requirements", *ASHRAE Transactions*, 106, Pt. 2, 503-510.
108) Bakó-Biró, Z., Wargocki, P. Wyon, D.P. and Fanger, P.O. (2005) "Indoor air quality effects on CO_2 levels in exhaled air during office work", Proceedings of Indoor Air 2005, China, Vol. i(1), pp. 76-80.
109) Seppänen, O.A., Fisk, W.J. and Mendell, M.J. (1999) "Association of ventilation rates and CO_2-concentrations with health and other responses in commercial and institutional buildings", Indoor Air, 9, 226-252..
110) Wargocki, P., Sundell, J., Bischof, W., Brundrett, G., Fanger, P.O., Gyntelberg, F., Hanssen, S.O., Harrison, P., Pickering, A., Seppänen, O. and Wouters, P. (2002) "Ventilation and Health in Nonindustrial Indoor Environments. Report from a European Multidisciplinary Scientific Consensus Meeting", *Indoor Air*, 12: 113-128.
111) Fanger, P.O. (2005) "What is IAQ", In Yang, X., Zhao, B. and Zhao, R. (eds) Proceedings of Indoor Air 2005, Beijing, China, Tsinghua University Press, Vol. I(1), pp. P-1-P-8.
112) Heschong Mahone Group Inc. (2003) *Windows and Classrooms: A Study of Student Performance and the Indoor Environment*, Technical Report, California Energy Commission.
113) Seppänen, O. and Fisk, W.J. (2002) "Association of ventilation system type with SBS symptoms in office workers", Indoor Air, 12, 98-112.

著者略歴

村上周三（むらかみ　しゅうぞう）
慶應義塾大学理工学部　教授、日本学術会議会員、国土交通省中央建築士審査会会長、財団法人建築環境・省エネルギー機構理事長、東京大学名誉教授、工学博士。
1942年　愛媛県生まれ。
1965年　東京大学工学部建築学科卒業。
東京大学生産技術研究所教授を経て現職。日本建築学会会長等を歴任。
[著書]
CFDによる建築・都市の環境設計工学(東京大学出版会)、他多数。
[受賞]
ASHRAE CROSBY FIELD AWARD (1997年)、ASHRAE Fellow Award (2002年)、John Rydberg Gold Medal (2003年)、ALAN G. DAVENPORT MEDAL (2007年)、他多数。

伊藤一秀（いとう　かずひで）
九州大学大学院総合理工学研究院　准教授、博士(工学)。
1972年　岐阜県生まれ。
1995年　名古屋大学工学部建築学科卒業。
2000年　東京大学大学院工学系研究科建築学専攻博士課程修了。
東京工芸大学助教授を経て現職。
[受賞]
日本建築学会 奨励賞 (2007年)、空気調和・衛生工学会賞 (2007年)、前田工学賞 (2001年)、他。

ポール　ワルゴッキ（Pawel Wargocki）
デンマーク工科大学　准教授　Ph.D.、ISIAQ副会長
1966年　ワルシャワ(ポーランド)生まれ。
1990年　ワルシャワ工科大学修了、M.Sc.。
1998年　デンマーク工科大学にてPh.D。
デンマーク工科大学講師を経て現職。
[受賞]
ISIAQ Yaglou Award (2000年)、SCANVAC Award for Young Researcher (2001年)、ASHRAE Ralph G. Nevins Award (2002年)、他。

教室の環境と学習効率

2007年10月30日　初版発行	

著　者	村上周三（代表） 伊藤一秀 ポール　ワルゴッキ
発行者	馬場栄一
発行所	株式会社 建築資料研究社 東京都豊島区池袋2-72-1　日建学院2号館 Tel：03-3986-3239　Fax：03-3987-3256
印刷所	図書印刷株式会社

ISBN978-4-87460-956-9
©2007 Shuzo Murakami, Printed in Japan